「偶然」から読み解く日本文化

日本の論理・西洋の論理

野内良三
Nouchi Ryozo

大修館書店

序

仏教の経典『雑阿含経』に含蓄深い喩えが読める。それによれば、人間としてこの世に生まれでる可能性はほとんどなきに等しいとされる。大海の底に潜む寿命無量の盲目の亀が百年に一度その頭を水面に出そうとする。時しも、穴が一つある浮木が風に吹かれて波間にただよいながら近づいてくる。亀が頭をもたげる。すると、たまたまこの木の穴に首がすっとはいる。人の誕生とはそんなに驚くほどの低い確率でしかないのだという。それは限りなく不可能に近いこと、「在ることが難しいこと」、「有り難いこと」である。だが、極小とゼロを分かつ隔たりは限りなく大きい。それは決定的な意味をもつ。そのことを思うとき、この世にあることの不思議さに人は粛然たらざるをえない。人の誕生は感謝すべき、「有り難い」ことである（はずだ）。

含蓄深い仏典の「盲亀《もうき》浮木《ふぼく》のたとえ」は科学に暗い東洋の空談と片づけるわけにはいかない。現代科学の最先端で活躍した科学者も同じような感慨を披瀝しているからだ。フランスの誇る分子生物学者ジャック・モノー（一九一〇-七六）は地球における生命（人類）誕生のドラマに「本質的な」偶然性を目撃する。

> 生命は地上に出現したが、この出来事が実際起こる以前には生命の出現の確率はどれ位あったのであろうか。このような決定的な出来事は一度しか生じなかったという仮説の可能性は現在の生物圏の構造から見てとうてい排除することはできない。そのことは、生命の出現する先験的な確率はほとんどゼロであったということを意味している。〔……〕〈宇宙〉は生命をはらんではいなかったし、生物圏は人間をはらんではいなかった。われわれの当りクジはモンテ＝カルロの賭博場であたったようなものである。そこで十億フランの当りを手にして茫然としている人間のように、われわれが自分自身の異様さにとまどっているとしても、なんら驚くにはあたらないのである。
>
> （渡辺格・村上光彦訳『偶然と必然』強調原文）

確かに、生命（人類）の誕生は錯綜する因果連鎖の必然的結果としてこの地球上に出来《しゅったい》した。しかしながら、なぜそういうふうに因果連鎖が遠い昔のその時にぴたりと暗合したのか、科学的には説明しえない。あるいはこれを逆に見て現在から過去へと因果の連鎖をたどっていけば、生命誕生の瞬間まで必然的な原因をたどることは理論的には可能かもしれない。でも、問題の時点で因果の連鎖が交わっている、その理由が説明できない。偶然の原因（二つの因果連鎖の交差のため）は説明可能だが、偶然の結果（なぜ交差がその瞬間に起こらなければならなかったのか）が説明できないのだ。まさしく「奇蹟」としかいいようがない。その深い謎が分子生物学者をして文字どおり驚倒させたわけである。

人間は普段なにげなく生きている。ことの成りゆきの必然に身をまかせている。それはごく真っ当な生き方＝行き方である。だが、時として普段とは違った事態に遭遇すると、「なぜ」という問いが頭をもたげる。事が順調に運んでいるときは、概してそんな疑問は浮かばない。事の運びに変調・乱調が見られるとき、懐疑のデモンが姿を見せる。なぜ私はこんなに苦しまなければならないのだろうか。生まれてこなければ、こんな苦しみを感じないで済んだのに。そして、この世に生まれたことを呪うことになる。生きていることに確かな根拠があれば、こんな不如意は感じずにすむはずだ。だが、無根拠な生をどうしたら意味あるものにすることができるのか。

確かに、人間がこの世に生まれてくるのは偶然である。だが、ひとたびこの世に生を享《う》けると、それは必然のように感じられてくる。これは生に限らない。出来事が出来《しゅったい》するのは偶然だが、生起した出来事は必然の相を帯びる。ミクロのスタンスでは偶然と見えたものがマクロのスタンスでは必然に変容する。偶然に対処するにはこのミクロとマクロのスタンスの切り替えが肝心になる。偶然を生きる（発見する）にはミクロのスタンスが有効だが、偶然を生かす（育てる）にはマクロのスタンスが求められる。

「偶然の必然化」――洋の東西を問わず、哲学や思想が追い求めてきたことはそれに尽きるのではないか。「偶然」に対するスタンスに東と西で異同があるにせよ、この世界を、この生を正当化することが哲学思想のアルファーであり、オメガなのではないだろうか。少なくとも私にはそう思えてならない。

いま私の脳裏にあるのはカントである。カントは『実践理性批判』において最高善をめざす人間の「善なる意志」を定立したあと、『判断力批判』においていったんは捨象された、それ自身においてある世界（自然界）を救抜することになる。そこでカントが注目したのは自然界の示す美的調和であった。これはなにを告げているのか。「合目的性」の概念を梃子にしてカントは「それ自身においてある世界」を「われわれにとってある世界」へと読み替える。この読み替えの根拠になったのは神の「要請」である。自然界の「合目的性」は神の存在（ひいては魂の不滅性）を要請している。要請された神によって自然世界は存在理由を付与され、救抜されることになる。

このカントの哲学的営為はもしかすると間違っているのかもしれない。しかし私はそこに人間の証しを求める哲学者の真摯さを見る。世界（人生）を正当化するために持ち出される根拠は人によってそれぞれ違いはあるだろうが、なにかが要請されなければならない。ニーチェによれば「真理とは、ある種の動物、生きものがそれなしには生きていけないかもしれない誤謬のことだ」（原祐訳）。しかしながら、誤謬であるかもしれない真理を、真理である「かのように」信じて生きるのが人間というものではあるまいか。「作品」としての人生、しばらく前からそんな考えが私の脳裏に去来する。

ところで、私は「あわい」という言葉が好きである。

「あわい」とはちょっと古風な言葉である。ある古語辞典によれば「アヒ（合）アヒ（合）の約。相向う物と物との間の空間。転じて、二つのものの関係」とある。別の国語辞典によれば「動詞

「あふ（合）」に接尾辞「ふ」の付いた「あはふ」の名詞化か」という語源の説明のあと、その第一義として「物と物との交わったところ。重なったところ。また、境目のところ。中間。間」が挙げられている。いずれにしても、「会う」という動詞にゆかりの言葉で、「あいだ」よりは微妙な「間合い」を表現しているようだ。

必然と偶然の関係を思うとき私の脳裏に「あわい」という言葉が揺曳するようになったのは、一体いつの頃からだろうか。偶然性の問題は若い頃から関心を寄せていたが、そのスタンスは「必然性と偶然性」という二項対立的図式に囚われていた。九鬼周造は『偶然性の問題』の冒頭で「偶然性とは必然性の否定である」と揚言したが、この揚言に永いあいだ私は繋縛されていたといえるだろう。

あらかじめ本書の構成を示しておけば次のとおりである。

本書は大きく三つに分かつことができる。最初の二章（1章と2章）は偶然性を理論的に解明する。次の二章（3章と4章）は「転形期」(花田清輝)を生きた宗教家と思想家を俎上に載せながら、偶然性の問題を追究する。最後の二章（5章と6章）は言語文化論である。

1章は西洋哲学において偶然性がどのような形で問題にされてきたのかを考えながら、偶然性の本質を剔出する。2章は偶然を排除する西洋的因果律と偶然を許容する仏教的縁起観を比較考量する。この作業を通じて因果連関に対する東西のスタンスの違いを確認し、あわせて「容」偶然主義を提案する。3章は吉田兼好と無常の問題を『徒然草』のテクストの綿密な読解を通じて掘りさげる。4章は文明開化のオピニオンリーダー、福沢諭吉の意外な側面に光を当て、その人生哲学に日本的なものが底流していることを見とどける。5章は、時枝誠記《もとき》と三上章の仕事を参照しながら、日本語の構造と論理を追求する。日本語を「外国語」として捉え返すことによってその述語中心主義を取り出し、その表現の可能性を問う。6章は1章から5章までの考察を踏まえて、異文化受容の歴史を振り返りながら日本文化の本質と、それが提起する問題を討究する。そして、日本文化の将来にとって「容」偶然主義が必要であるゆえんを論定する。

本書の企図は一言でいえば「偶然と必然のあわい」を巨細にたずね歩くことである。

目次

「偶然」から読み解く日本文化

——日本の論理・西洋の論理

第1章

必然と偶然

◆なぜ偶然か

日本文化と西洋文化を分ける指標の一つに偶然性に対するスタンスの違いが挙げられる。概して日本人は偶然に寛容である。日本文化は偶然を楽しむ。それにひきかえ、西洋人は偶然に厳しい。西洋文化は偶然を排除する。なぜ西洋人は偶然を敵視するのか。偶然性のどこが問題になるのか。

日頃、われわれはなにげなく「偶然」という言葉をよく口にするが、この言葉の意味を深く詮索することは稀である。だが「偶然」とは一体なにを意味しているのだろうか。試みに手もとにある『日本国語大辞典』『大辞林』『広辞苑』『新明解国語辞典』などを引いてみる。どの辞典も似たり寄ったりの語義を挙げているなかで、『広辞苑』（第五版）が哲学的語義を載せて出色である。

①何の因果関係もなく、予期しない出来事が起るさま。
②〔哲〕（Zufall（ドイツ）・contingency（イギリス））
㋐原因がわからないこと。
㋑歩行者の頭に瓦が落ちてくる場合のように、ある方向に進む因果関係系列に対して、別の因果系列が交錯してくる場合。一般に必然的な法則は、現実には無数の因果系列の交錯の中でしか貫徹されないから、人間の認識の不完全のために常に偶然的事件が起る。

ただ、哲学的語義の説明が中途半端に詳しく（前半）、おまけに少し独断的で（後半）、一般の読者にはあまりピンと来ないのではないか（第六版では、前半の最後が「交錯して生ずる出来事」と訂正され、後半は削除された）。偶然性の哲学的詮議は追って問題にするので、さしあたりここでは語源的詮議に限ることにする。偶然は二つのもの（偶）が交わることを意味しているらしい。『広辞苑』に挙げられているドイツ語も英語も「二つのものの出会い」を含意している。また「偶」は「たまま」も意味している。偶然は「たまたま（偶）しか（然）ある」を意味している。してみれば偶然とは二つのものがたまたま出会うことを意味していると考えてよさそうだ。偶然性は「かならず（必）しか（然）ある」を意味する必然性と対立する概念ということになる。

「偶然」なる語の詮議はこれくらいで切り上げる。さしあたり、偶然性の問題を深く掘りさげた九鬼周造の定義「偶然性とは必然性の否定である」を押さえておこう。あとで見るように偶然性はさまざまな問題を提起するが、しかしこれだけの基本的確認からも「なぜ偶然か」という議論の道筋が見えてくるはずだ。偶然性の問題が実存的な問いかけとなりうるには、言葉を換えていえば偶然性の形而上学的地平が問題になりうるには、必然性への抜き難い執着・こだわりがなければならないということだ。雰囲気的な無常感でこと足れりといったわが国の精神風土では、偶然性の問題は牙を抜き取られてしまうのだ。一方で必然的なものへの欲求が根強く存在するとき、他方で偶然性の問題が先鋭化することになる。この意味で、外交官として各国を遍歴し、日本にもやって来たことのある詩人、ポール・クローデルの次の観察は示唆に富む。

とりわけ大部分の期間を異国で暮してきた人間にとって、本国に戻った時ことのほか目につくフランス人気質の特徴があるとするならば、その特徴はパリよりも田舎や地方に、今の世代の人々よりは前の世代の人々に著しいのであるが、それは必然を求める心（le besoin de la nécessité）と呼んで差支えないものである。フランス人は偶然的なもの、偶発的なもの、予想外のものを怖れている。自分の人生のプランを練りあげ、異質なものの干渉をことごとく締め出そうとつとめる。自分自身に対して自分の行為の一つ一つを正当化しなければならないと思っているし、それればかりではなく自分に注がれる隣人たちの一人びとりのとげとげしい視線にも気を配り、逸脱とかむだ遣いとかいう絶えずなされる告発に答えなければならないかのように身を処すのである。

（「詩に関する省察と提言」強調原文）

クローデルの眼にはわけてもフランス人は偶然的なものを忌避・敵視すると映ったわけであるが、これはなにもフランスに限った話ではない。ヨーロッパには偶然性の問題が問題化しうる土壌が確かにあった。巨視的に眺めると、西洋哲学は必然性の形而上学といった性格を帯びている。プラトン、アリストテレスから中世スコラ哲学を経てヘーゲルに至る観念論の一大潮流はいうまでもなく、ヘーゲルの観念論を唯物論的に逆立ちさせた（？）マルクスの哲学もその例外ではない。西洋哲学の底流に脈々と流れているのは、説明原理としての「必然性の要請」である。こういった傾向は因果連鎖を強調する因果論的必然観の形態をとったり、目的（形相）から原因（質料）を説明する目的論的必然観の形態をとったりする。機械論的決定論とキリスト教神学はその典型的なケースである。西洋哲学における、説明原理としての必然性の要請――この特徴をしっかりと押えておく必要がある。

西洋哲学の伝統に激しく異議申立てをしたサルトルの思想的軌跡を考えてみると、西洋哲学における必然性と偶然性の葛藤がいかに深刻で根源的なものであるかが改めて確認されるだろう。初期のサルトルの思想は人口に膾炙《かいしゃ》した「実存は本質に先立つ」というテーゼに要約することができる。このテーゼは同一律の必然性を強調する西洋哲学の伝統に対する挑戦状であり、激越な転倒でもある。このテーゼを「偶然性は必然性に先立つ」と読み替えても、はなはだしい改変ではないだろう。周知のようにこのテーゼは、人間存在は神のような絶対者によってあらかじめその在りよう（本質）が規定されているのではなく、本来的に自由（実存）であるということを宣言したものである。人間は偶然的な存在である。偶然性の積極的な意味内容は自発性であり自由である。偶然性の問題は倫理学にとっても重要な問題となる。

だが、そんなサルトルにしても人間存在の偶然性を消極的に目撃して躓き、絶望を覚えたことがなかったわけではない。彼の実質上の処女作である長篇小説『嘔吐』は、初め「人間存在の偶然性に関する弁駁書」と題されていたという。吐き気を催すような人間存在の不条理性・無意味性（偶然性）に意味《サンス》と方向《サンス》を与え、救済をもたらすことが果して可能か。『嘔吐』の一巻は、この問題についてのサルトルの手探りの、とりあえずの答案であった。サルトルは人間の置かれた負の状況に眼を背けずに、それを積極的に引き受け、むしろ偶然性を梃子にして自由の人間学を構築することになった。しかし、そのサルトルにしてからが出発点においては偶然性の問題に躓かざるをえなかったという事実の意味するところははなはだ重い。

偶然性は西洋哲学のアキレス腱である。

◆西洋哲学と必然性

先ほど引いた「偶然性とは必然性の否定である」という定義は、偶然性の問題の闡明《せんめい》に生涯を賭けた九鬼周造の主著の劈頭を飾る立言である。この定義が西洋哲学の伝統を踏まえたものであることは間違いない。必然性と偶然性の対立、「この二つの思考規定以上に鋭く矛盾し得るものが何かあるだろうか？」と、エンゲルスも『自然の弁証法』のなかで問いかけている。そしてエンゲルスは付言する、「常識と、そしてこれと共に自然研究者の大多数は、必然性と偶然性とを絶対的に相排除し合う規定として扱っている」（田辺振太郎訳）と。

確かに、伝統的な西洋哲学には必然性と偶然性の二項対立図式が見られる。そして、さらに目を引く点は常に必然性にプラスの価値が、偶然性にマイナスの価値が付与されてきたことである。古来、哲学は驚きの情に発するとはよく言われるが、驚きの情、言い換えれば学的好奇心をかき立てたのは「常にあるもの」「しばしばあるもの」であった。必然性ないしは蓋然性への注目が西洋的学問を駆動したのだ。そのことは次のアリストテレスの発言によっても確証されるだろう（「付帯的な」は「偶然的な」に同じ）。「付帯的な物事に関しては学の存しないことは明白である。なぜなら、学〔認識〕はすべて、常にそうある物事かあるいは多くの場合にそうある物事かに関する認識だからである（……）」（出隆訳『形而上学』強調と〔〕は原文）。

それでは西洋哲学の源流である古代ギリシアの人々は何に驚異し、何を必然的と受けとめたのだろうか。この世界が「コスモス」（秩序）として存在することだった。そこには太陽の運行、月の満ち欠け、星の運動などに見られる規則正しい周期性、自然や生物に見られる美しい調和が見いだされる。しかし、古代ギリシア人をいちばん驚かせたのはそうした現象にもまして、「あるものが現に在るようにおよそ在るということ、それが別にではなくてそのように在るということ、である」（K・レーヴィット／柴田治三郎訳『世界と世界史』）。

ギリシア人は調和に満ちた世界が目の前に現に存在しているという素朴な事実に驚異した。ギリシア哲学はこうした世界観を背景にして誕《う》まれ、そして世界は「コスモス」と呼ばれることになった。コスモスとは「調和」「秩序」を意味するギリシア語である。確かにこの命名には、世界がカオス（無秩序・偶然）ではなく必然的なものとして、かつても存在し、現に今も存在し、将来においても存在するだろう、そうした「秩序の必然性への洞察も含まれている」（同書、強調原文）。

世界の秩序は単にすぐれて美しいのみならず、またkata moiran（当然）であり、犯しがたい摂理に従っている。〔……〕そして哲学は、古典的な考え方によれば、常にかつ必然的に現に在るがごとく在るもの、だけを問題にするものであり、そのつど偶然的なもの――ただ折にふれてそんな性質が与えられるという意味で事物の永続的な本質にとっては重要でないような偶然的なもの――には関わり知らない。（同書）

ここにはコスモスとしての世界との関連でギリシアの自然哲学、のみならず西洋哲学の本質的性格がしっかりと見とどけられている。確かにギリシアの自然学者が描いた世界観は別の新しい世界観に取って代わられることになるかもしれないが、ここに見られる哲学観・学問観――すでに言及したアリストテレスの発言はこの考え方の確認だった――は連綿と受け継がれてゆくことになる。

◆アリストテレスの偶然論

学問の対象は「必然的なもの」（ないしは「蓋然的なもの」）と限定したアリストテレスは『形而上学』（第五巻三〇章、第六巻二章、第十一巻八章）と『自然学』（第二巻四章、五巻、六章）で偶然性の問題を主題的に論じている。偶然は出現の可能性と、その原因という二つの観点から捉えられ、その要件として「常にそうあるのでもなくまた多くの場合にそうあるのでもない」ことと、その原因が「不定な」ことが挙げられる（ちなみに「不定な」は「特定できない」のみならず「本来のものではない」をも意味する)。

たとえば、誰かが木を植えようとして穴を掘っていたら宝を発見した場合を考えてみよう。木を植える人が誰でも宝を発見するわけではない。それは「たまたま」起こったことだ。また、その原因は特定できない。誰がなぜそんな場所に宝を埋めたのか不明である。「アリストテレス的な」例をもう一つ挙げる。建築士と建てられた家は「必然的な」関係がある。この建築士が誰かを治療し、その誰かが治ったとする。この治療行為は「偶然的」である。医者の場合は「必然的」で特定できるが、医者以外の場合はたまたま医療技術を持っていた人なら誰でもよく、候補はいろいろありうる(建築士、商人、弁護士、運動選手、政治家などなど)。「それ自体においての原因は規定されているが、付帯性における原因は不定である、なぜなら、一つのものにも無限に多くのものが付帯しうるからである」(出隆・岩崎允胤訳『自然学』)。

必然的なものは「それ自体においての原因」をもつ。必然性は特定の原因、「自体的」原因に起因する。自体的原因に起因するとは自らの内にその根拠を持つことである。それにひきかえ、偶然性は「不定な」原因、それと名指せない、「自体的」でない「付帯的」な原因に起因する。偶然性とは自らの内にでなく自らの外にその根拠を持つことである。これがアリストテレスが剔出《てきしゅつ》した偶然性の本質である。

たしかに、この付帯的・偶然的なことは生起したことであり存在した事実ではある、だがしかし、その基体それ自らのゆえにではなくて他なる物事のゆえに生起し存在したのである。

（出隆訳『形而上学』強調引用者）

見られるように、アリストテレスは、この世界には例外的現象としての偶然が確かに存在することは認めている。また、原因が突きとめがたい偶然があることも指摘している。つまり、アリストテレスは存在論のレベルと認識論のレベルで偶然の存在を認めたのだ。しかしながら、この世界に偶然が客観的に存在することは認めるけれども、偶然を「認知する」ことはきっぱりと拒否する。換言すれば偶然の結果はしぶしぶ認めるけれども、偶然の原因は断乎として無視するのだ。その素性が「不定」で、いかがわしいという理由で。すでに見たように、アリストテレスは偶然的事象を学的認識の対象として拒否した。

◆アリストテレス的伝統

アリストテレスは偶然論を展開しただけではなかった。論理学の確立という金字塔をも樹立した。学的認識を保証するためには妥当でない推理（偶然的判断）を排除しなければならない。「論証的な知識は、必然的な原理から出発する。なぜならば、知られるものは、ほかでありえないものだからである」（アリストテレス『分析論後書』）。そのためにアリストテレスは必然的な推論のタイプを討究した。そしてついに厳密な論証法（演繹推論）を発見した（定言三段論法は可能な組み合わせが二五六通りあって、アリストテレスはその中から二四のパターンを取り出した。現代論理学では拠って立つ原理のちがいもあって十九だが）。アリストテレスによって確立された形式論理学は一代にしてすでにほぼ完成の域に達していたと言われる（カントはアリストテレス以降論理学は前進も後退もなかったと高く評価する）。その三段論法は中世のスコラ哲学の伝統に受け継がれ学問の「オルガノン」（道具）としての重責を果たすことになる。

　つまり、必然的なものだけが有意味であり、真理は必然的なものにしか宿らない。学的認識は必然的な原理に従わなければならない。哲学は必然的な真理を必然的な方法によって追究する厳密な学問である。こうした発想がヨーロッパの知の伝統を貫流していることは、ヘーゲルの次の発言に徴しても明らかである。

> 　われわれは偶然的なものを、存在することもできれば、存在しないこともでき、或る形で存在することもできれば、他の形で存在することもできるもの、そしてそれが存在するか、存在しないか、およびそれが或る形で存在するか、あるいは他の形で存在するかということの根拠を、自分自身のうちにではなく、他のもののうちに持っているもの、と考える。実践の領域でも、意欲の偶然性すなわち恣意にとどまらないことが、われわれの任務であると同様に、このような偶然を克服することが、認識に与えられた任務である。（松村一人訳『小論理学』強調原文）

「根拠を、自分自身のうちにではなく、他のもののうちに持っているもの」というヘーゲルの言葉はアリストテレスの「基体それ自らのゆえにではなくて他なる物事のゆえに」という言葉と二千年の時の隔たりをはさんでぴたりと呼応しあっている。西洋哲学における偶然性の位置づけは変わらなかった。この恒常性にわれわれはあらためて驚きを禁じえない。

だが、さすがは「万学の祖」である。アリストテレスは偶然性の本質にすでにして肉薄していた。「基体それ自らのゆえにではなくて他なる物事のゆえに」と「不定な」は偶然性の本質を剔出《てきしゅつ》している。偶然性は必然性の原理である同一性を脅かす「他者」である。必然的な系列に割り込んでくる「よそ者」である。内発的な根拠ではなく外発的な根拠に起因する。九鬼周造『偶然性の問題』の剴切《がいせつ》な表現を借りてアリストテレスの偶然観を敷衍しておこう。

偶然性の核心的意味は「甲は甲である」といふ同一律の必然性を否定する甲と乙の邂逅である。我々は偶然性を定義して「独立なる二元の邂逅」といふことが出来るであらう。

偶然性の根源的意味は、一者としての必然性に対する他者の措定といふことである。

同一性としての必然性に対する「他者の措定」――これが偶然性の問題を解くキーワードである。このことを心に銘記した上で、差し当たっては偶然性の対概念である必然性をしっかりと見定めることにしよう。

◆必然性から確実性へ

いま、アリストテレスとヘーゲルをつなぐ伝統について語ったが、この両者のあいだで西洋哲学は大きな転回を経験した。古代哲学の出発点は驚異にあり、「世界とは何か」「存在とは何か」を問題にした。古代哲学は存在論的であり、形而上的であった。それに対して、近代哲学は懐疑を出発点にもち、「われわれ（私）は何を知りうるか」「何が確実に知られるのか」と問い直した。近代哲学は形而上学から認識論へとシフトすることになった。言い換えれば、世界を問う人間自身の「立ち位置」（われ）を問題にすることになったのだ。

この両者のシフトは必然性へのスタンスにも影響を与えることになる。アリストテレス以来中世のスコラ哲学まで連綿と維持されてきた必然的真理（絶対者）に支えられた世界（人間）という考え方に疑問符が打たれたのだ。数学、論理学、形而上学、自然学は必然としての真理を追究してきたと信じられてきたが、経験科学（自然科学）の発展はじゅうらい必然的と見なされていたものにも偶然性を発見するようになった。アリストテレスが学問の「道具」としていた厳密な推論（三段論法）がその有効性を局限されるようになった。学問は思弁ではない。仮説とその検証（実験・観察）を基本とする経験科学においては帰納法が大きな比重を占めることになった。必然性は厳密な科学（論理と数学）に限定されることになる。つまり「必然性」に代わって「確実性」が問題にされるようになったということである（後出）。

必然性というと推論における必然性（論理的必然性）も問題になりうるが、ここで取り上げるのは現実世界（自然と経験）における必然性である。つまり「原因」（前件）と「結果」（後件）のあいだに目撃される必然性だ。われわれがある現象を「必然的」と見なすとき、どんな要件が念頭にあるのだろうか。とりあえずは、アリストテレスの偶然性の定義を裏返しにすればいい。特定な原因―常なる結果である。もっとすっきり定義ふうに言い直せば「Pならば（常に）Qである」と。そこで問題は「特定な原因」（P）をどう規定するかである。ここでもやはりアリストテレスの説を拝聴しよう。

◆アリストテレスの四原因論

アリストテレスの原因についての考え方は、現代のわれわれから見るとかなり面妖である。アリストテレスは、ある結果をもたらすには一種類の原因では十分でないと考えた。そこで彼は四種類の原因を区別する（四原因論）。

（1）質料因（素材・材料。他の原因を受動的に受け容れる。近代科学の「物質」とは違うことに注意）

（2）形相因（質料に本質、形、性質を与える）

(3) 動力因(作用因、起動因。物を動かす外的な力)
(4) 目的因(物がそれに向かって生成する目標、あるいはそのために動く目的。たとえば健康は散歩の目的因)

見られるとおり、原因とはいってもわれわれが慣れ親しんでいる物理的な規制力としての「原因」とはまったく異質な代物である。むしろ「質料」「形相」「動力」「目的」に関して、「存在するもの」に投げかけられた問いに対する答え(説明原理)と考えるべきだろう。たとえばこの彫像の「質料は何であるか」——「大理石である」(彫像の質料は大理石である)。以下同様で、彫像の動力因は彫刻家であり、形相因は彫刻家の頭の中にある形(プラン＝構想)であり、目的因は美である(実をいえば動力因と目的因は形相因に還元することが可能だ)。

初めの二つが存在に関わる原理、後の二つが生成・運動に関わる原理だ。『自然学』に出ている動力因の例を挙げれば、助言を与える人は原因であり、父親は子どもの原因である。ご覧のとおりアリストテレスが考える動力因(原因)と変化を与えられたもの(結果)の関係はひどく曖昧で、間接的である。

この四つのうちでデカルト(あるいは近代科学)が認めた原因は動力因のみだが、それも厳しい条件付きである。デカルトの同時代人ガリレオはこう提案している。それが存在すれば常にある結果が伴い、それを取り除けば問題になっている結果が無くなる、そのようなもの、それのみが原因と呼ばれるべきだと。この定義は原因を必要十分条件として捉えている（必要十分条件とは「イコール」「逆も真なり」ということ。必要条件と十分条件については後出）。因果関係の定義としては少し緩すぎて問題がないわけではないが、旧来の曖昧な動力因に比べれば格段に優れている（満足すべき定義は後出）。このように捉えられた因果性は単純で直接的である。言い換えれば一義的であり数学的である。

◆デカルトの「懐疑」

ところで、アリストテレスから中世まで支配的であった自然＝世界観は有機体的＝目的論的であった。これは自然を、潜勢的に質料に内在する形相が現実化するプロセスとして見るもので、すぐれて「生物主義的」自然観である。「質料は形相にあこがれる」というアリストテレスの存在観がそこに看て取れる。

アリストテレス的＝スコラ的自然（世界）観の問題点は二つにまとめられる。〈魂《アニマ》の拡大解釈〉と〈目的論の跳梁〉である。この問題を解決する作業にラディカルに挑戦したのが、近代哲学の鼻祖デカルトである。デカルトはどのようにこの作業を遂行したのか。デカルトが依拠したのは「思考するわれ」と「物体即延長」という考え方である。

〈魂《アニマ》の拡大解釈〉からまず検討することにしよう。

有機体的自然にあっては万物が魂（アニマ）を持つとされる。魂は形相（目的）で、物体＝身体の生成・運動をつかさどる。たとえば植物の生長活動も魂によるものだと説明される。魂は人間のみならず万物に及ぶ霊的＝目的論的原理にほかならない。ここには自然（生物）を人間に見立てる擬人化的発想が見られる。このように拡大解釈された魂を有機体的自然から徹底的に除去すること、これがデカルトに課された喫緊な課題だ。彼は方法的懐疑の末にたどり着いた「確実にして明証的な認識」、「思考するわれは在る」から出発する。

さて、これらのことから私は次のことを知った、すなわち、私は一つの実体であって、その本質あるいは本性はただ、考えるということ以外の何ものでもなく、存在するためになんらの場所をも要せず、いかなる物質的なものにも依存しない、ということ。したがって、この「私」というもの、すなわち、私をして私たらしめるところの「精神」は、物体から全然分かたれているものであり、さらにまた、精神は物体よりも認識しやすいものであり、たとえ物体が存在せぬとしても、精神は、それがあるところのものであることをやめないであろう、ということ。

（野田又夫訳『方法序説』）

アリストテレスは魂が万物の生命の原理と考えたが、デカルトは魂の圏域を人間に局限する。それだけではない。魂は身体という物体とも切り離される。身体と魂はまったく別の二つの実体とされる。魂とは人間の身体に宿る極微の実体にほかならない。

それでは魂と切り離された身体＝物体とはなんであるか。まず身体＝物体は空間を占めるところの限られた一つの拡がりである。

物体とは、なんらかの形によって限られ、場所によって囲まれ、他のすべての物体をそこから排除するようなしかたで空間をみたすようなもの、また、触覚、視覚、聴覚、味覚、あるいは嗅覚《きゅうかく》によって知覚されるようなもの、なおまた、多くのしかたで動かされるが、しかし自分自身によって動くことはけっしてなく、何か他のものの接触を受けて、それによって動かされるようなもの、こういうもののいっさいのことである、と。

（井上庄七・森啓訳『省察』）

ここには魂を抜き去られた無機的な物体観が冷徹に示されている。みずから動くこともなく、外的な刺激に機械的に反応する物体。形相としての魂を持ち、それによって動かされるといった目的論的＝霊的原理は皆無である。あるのは刺激（原因）—反応（結果）の因果論的原理である。しかしながら、物体の本質はさらに絞り込まれ、感覚的属性さえも剝ぎ取られることになる。

物質すなわち普遍的な意味での物体の本性は、堅さや重さや色をもったもの、あるいはそのほかなんらかのしかたで感覚を刺激するものであるということに存するのではなく、長さ・幅・深さの延長を有するものであるということにのみ存する、ということがわかるであろう。

（井上庄七・水野和久訳『哲学の原理』）

ここに物体は「延長」というぎりぎりの空間的本質に還元された。ちょうど魂の本質が「思考」に還元されたように。こうしてデカルトは精神とはまったく異なる実体（物体＝物質）の真相を見とどける。「思考」を本質とする精神に対して「延長」を本質とする物質が措定されることになった。精神と物質を実在的に峻別するとき、いっさいの精神的なものを排除して物質そのものを直視するための視座がすえられる。

◆デカルトの自然観

物質を支配する原理とは何か。因果的必然性である。それは機械を動かす法則と同じである。機械論的連関性（刺激→反応）である。

デカルトによれば人間とは「思考する」機械にしかすぎない。「思考する」という一点を除けば人間は他のもろもろの生物となんら異なるところはない。デカルトは身体の活動を文字どおり機械的に説明する。

> 身体部分のすべては、精神の助けなしに、感覚の対象と精気とによって、動かされることができる〔……〕したがって、われわれの意志があずかることなしにわれわれのなすあらゆる運動〔たとえばしばしばわれわれは、意志することなしに呼吸し、歩き、食べ、つまりわれわれ

と動物とに共通なあらゆる活動をする〕はわれわれの身体の構造と動物精気の流れ方〔精気は心臓の熱によってかきたてられて、その本性に従い、脳や神経や筋肉の中である流れ方をする〕とにのみ依存する。それは、時計の運動が、ただのゼンマイの力と、その多くの車輪の形とによって、生ずるのと同様である。（野田又夫訳『情念論』〔 〕は原文）

古代＝中世哲学で大きな役割を与えられていた精神（魂）はすでにして生命の原理ではない。精神が身体から離れるから死ぬのではない。身体の運動を担っていた諸器官が活動を停止するから死ぬのだ。「死はけっして精神の欠如によって起こるのではなく、ただ身体のおもな部分のどれかがこわれることによってのみ起こるのだ」（同書）。

人間が機械の一種であれば、他の生物は推して知るべしだろう。人間と異なって生物には精神（魂）がないとデカルトは考えているので、動物は外界の刺激に反応して動く器械（自動機械）にしかすぎない。かくして自然は一個の巨大な機械と化す。いっさいの精神的、あるいは目的論的原理を拒否・排除して人間および自然を説明するデカルトに、われわれは目的論的＝有機的自然観から因果論的＝無機的自然観への移行を目撃することができる。

デカルトの自然観の特色は、有機体的目的論の原理——自然の擬人化——をいっさい排除して、新しく見いだされた因果性の原理のみですべての自然現象を機械論的＝数学的に説明しようとした点に求められる。ガリレオの有名な言い方を借りれば「自然の書物は数字という記号で書かれている」のだ。デカルトもまた揚言する。

　私は自然学における原理として、幾何学あるいは抽象的数学におけるとはちがった原理を、容認もせず要請もしない、ということ。なぜなら、このようなやり方で、あらゆる自然現象は説明されるし、それらについての確かな証明が与えられることもできるからである。

（『哲学の原理』）

　デカルトはよくも悪しくも近代科学主義の元祖である。自然開発の、そしてまた自然破壊の父である。なぜか。デカルトの自然観は革命的な視点を導入したからだ。旧来の自然観はその自然の擬人化に端的に見られるように人間と自然の関係が曖昧だった。いわば人間は自然の一部で、自然との臍の緒が切れていなかった。自然は有情《うじょう》の「生き物」である。自然は人間の感情が投影されて「人間的に」解釈される。そして、その本来の姿が覆い隠される。いわば人間は自然のなかに自分の見たいものを見た。それしか見なかった。いわば自然と語っていたのだ。自然の物化――これこそが近代科学＝技術の自然征服のキーポイントだった。自然と語るのではなくて自然について語るのだ。人間はついに「自然の主人にして所有者」（デカルト）になった。その後の目覚ましい近代科学のサクセス・ストーリーは贅言を要しないだろう。

◆ヒュームの「懐疑」

いま見たデカルト、あるいは近代科学が説く機械論的因果論に対して異を唱えた哲学者がいる。英国の懐疑論者ヒュームである。

周知のようにヒュームはアプリオリな観念をいっさい認めず、判断の源泉を「経験」に求めた。「二つの対象の存在から他の対象の存在を推理できるのは、ただ「経験」によってだけである」（土岐邦夫訳『人性論』）。こうした経験主義者の目からすれば、近代科学が太鼓判を押す自然法則の法則性（必然性）が疑わしいものに思えたのもけだし当然である。自然現象に想定された原因と結果のあいだの因果連関とはいかなるものなのか。「両者の恒常的な相伴の想起」にすぎまい（同書、強調原文）。因果性なるものは主観に基づく習慣的な結合にほかならない。「原因と結果の観念は、しかじかの特定の対象が過去のすべての実例で、きまって互いに伴っていたことを知らせる経験に起因する」（同書、強調原文）。

ヒュームはさらに懐疑を押し進める。問題になっている必然性という概念の根拠はなにか。われわれがそこに見いだすのは事象間の規則的継起にすぎない。それは、二つの事象を関係づける存在的＝物理的強制力、事象間の「必然的結合」(necessary connexion) ではない。このことを別言すれば次のようになる。すなわち、Pという事象が目撃されたとき、Qという事象がこれまでは常に継起的に目撃されたということでしかない。さらにまた、次のような疑問も出てくる。過去において観察された規則性が将来においてもまた観察されるだろうか。そうなるだろうという保証（根拠）はない、とヒュームは立言する。それにもかかわらず、同じような規則性が将来においても観察されると考えるのならば、それは真偽の問題ではなく、信念（belief）の問題である。「要するに、必然性は心のなかに存在するなにものかであって、対象のなかにあるのではない」（同書）。

こうして、事象間の物理的な「必然的結合」は合理的な存在根拠を剝奪されることになった。しかしながらここで注意すべきは、事ここに至っても世界の理解のために「原因と結果の恒常的な連合」を想定することの合理性（有効性）が決して否定されたわけではないということである。

◆因果性を考え直す

要するに、ヒュームは因果連関を認識論的なカテゴリーと見なしたのである。この点に関する限り、あとに来るカントはヒューム説を踏襲している。『純粋理性批判』におけるカントによれば、因果法則は物自体の世界にではなく、経験世界にのみ妥当する。因果性は現象世界を経験として読み取るための認識論的カテゴリーなのだ。しかしながら、因果連関ははたして存在論的なカテゴリーではないと言い切れるものだろうか。「物そのものへ」肉薄することはできないのだろうか。次に、この点を考えてみよう。

われわれの考えでは、因果性という概念は単純化したモデルである。そのことを、まず初めに断っておきたい。つまり、因果性は作業仮説である。一つの出来事が生起するにはいろいろな原因が絡んでいる。多くの原因が集まって、一つの結果が生ずることもあるし、また、一つの原因から多くの結果が生ずることもある。原因―結果には複雑な条件がからんでいる。そのことを理解するには必要条件と十分条件について知っておく必要がある。ここで十分条件と必要条件をおさらいしておこう（図1参照）。

図1

「P（ライオン）ならばQ（哺乳類）である」が言えるとき、PはQにとっての十分条件である。Pが成立すればQであることが必ず成立する、つまりPはQであるための「十分な」条件ということになる。しかしQはPの十分条件ではない。Q（哺乳類）であっても必ずしもP（ライオン）であるとは言えないからだ。たとえばウマのこともあるし、サルのこともある。しかしどうしても「必要な」条件ではある。なぜならQ（哺乳類）でないときは自動的にP（ライオン）でもないからである。だから「PならばQである」と「QでないならばPでない」は同じことをいっていること（同値）になる。同値である命題どうしを「対偶」にあるという。

たとえば植物の発芽を考えてみよう。植物が発芽するにはどんな条件（原因）が必要だろうか。水、熱（適当な温度）、酸素がまず思いつくだろう。これらは確かに発芽の重要な必要条件ではあるが、厳密にいえばもっと他にもいろいろな条件を考えなければならない。たとえばまず種が存在しなければならない（よい種が必要だ）。そしてその種を土のなかに埋めなければならない（土が必要だ)。埋める時にも適当な深さを考えなければならないだろう（播き方についての知識が必要だ)。そのほかにも細かい色々な条件が必要なはずだ。そうしたさまざまな条件がすべて十分にクリヤーされたとき、そしてその時にかぎり種は無事に発芽する。或る植物が発芽するためには実に多くの物理的＝人為的条件が関与している。それらの必要条件がすべて合わさって十分条件を構成する。必要条件の一つでも欠ければ植物は発芽しない。

その経緯を図示すれば次のようになる。

必要条件1
必要条件2
必要条件3
……
必要条件n
} 十分条件 ⇒ ある事態が生起する

見られるとおり、原因―結果の条件は細かく挙げだしたら、それこそ際限がない。そこでプラグマティックに小さな条件は無視する。先ほど「因果性という概念は単純化したモデルである」と注意したゆえんである。では、因果性という概念は欠陥概念ということになるのか。そうではない。まさしくその逆である。単純化があるからこそ、因果性という概念はうまく機能するのだ。有効なのだ。ある現象を説明するとき、すべての原因を数え上げようとしたら、どういう事態が出来《しゅったい》するか。まず、事実上それは不可能である。たとえそれが可能であったとしても、原因の羅列は現象を説明するどころか、混乱を引き起こすだけだ。原因の多さは、どれもが真の原因ではないということを意味する。原因の平等化は悪平等になるのが落ちである。そこで、原因の序列化を図る必要が出てくる。条件の絞り込みだ。小さな条件はふるいにかけて、主要な条件だけを取り出す。こうした単純化によって現象の本質が浮き彫りにされる。因果性という作業仮説はこうした単純化の所産である。単純化されたからこそ効果を発揮する。上来の行論はカナダの科学哲学者マリオ・ブンゲの『因果性』に寄りかかっているが、その彼は次のように確言する。

> 実在についての最高の理解は、事実を尊重し、虚構を用いない、ということによってではなく、事実をいためつけ、虚構をあやつることによって、獲得せられるのである。（黒崎宏訳）

そうした「虚構」によって取り出されたある「因果連鎖」が限られた時空的範囲で妥当するならば、われわれは、その「因果連鎖」は「実在の粗略な反映」であり、自然のなかに「だいたい似た何ものかがあるから」だと判断することが許されるだろう（強調原文）。われわれが提案している因果連関は存在論的でもあり、認識論的でもある。自然の世界には物質の論理が貫徹し、決定論的法則が支配している。ただ、われわれはその法則がいかなるものかを純客観的には知りえない。事象と事象は或る関係を取り結んでいる。事象と事象は依存関係にある。なんらかの決定因が働いていることは間違いない。しかし複雑すぎて、われわれにはそれを突きとめることができない。原因と結果の間に想定される関係を、われわれは仮に「因果連関」と呼ぶことにしよう。
先ほどの「発芽」の例を考え直してみよう。種を植えたら芽を出した。この現象には因果連関が働いている。しかしわれわれはそのすべての因果連関のプロセスを説明することはできない。ほんのちょっとした要因で発芽しなかった可能性もあったのだ。しかしながら、おおよそのメカニズムを知ることはできるはずだと信じて、物質の論理をシミュレーションする。因果連関という考え方は、確かに存在するはずの人智を超えた、世界の決定論的メカニズムに肉薄するための作業仮説である。単純化されたモデルである。アバウトな暗号解読格子である。ニーチェの有名なことばをもじっていえば「因果連関とは、ある種の動物、生き物がそれがないと生きていけない誤謬のことである」かもしれない。

このことはなにも因果連関に限らない。因果連関の基にあるのは時間性（時の流れ）であるが、この時間概念じたいが現代物理学の公式的見解では否定されている。世界は無根拠であり、科学はなにも証明しない。アメリカの文化人類学者グレゴリー・ベイトソンは次のように述べている。

科学には仮説を向上させたり、その誤りを立証したりすることはできる。しかし仮説の正しさを立証することは、完全に抽象的なトートロジーの領域〔論理学・数学〕以外では、恐らく不可能である。純粋論理の世界では、これこれの仮定なり公理の下でこれこれのことが絶対に成り立つ、という言い方も可能である。しかし〝知覚される〟事柄や知覚から帰納される事柄

（佐藤良明訳『精神と自然　改訂版』）

の真実性となると、話は変わってくる。

この事実にびっくりする必要はないし、悲観する必要もない。こんなことならすでに反デカルト主義をかかげたイタリアの哲学者ヴィーコ（一六六八－一七四四）がつとに「真なるものとは作られたもののことである」という言い方で主張していた。つまり人間が作った公理のようなものの真偽は検証可能であるが、それ以外では不可能だということだ。ウィトゲンシュタインの「規約による真理」という考え方も同じである。要するに、公理・規約はわれわれがそう決めたから真なのだということに尽きるのであって、その公理・規約の真理性を別の客観的事実に求めてはならないということだ。われわれの立ち位置はプラグマティズムに近い。絶対的真理を認めず、事象（対象）を多角的に具体的に分析し、その分析結果（仮説＝理論）が問題の事象を整合的＝合理的に説明できるのであれば、その「実際的効果」（パース）を認めて、とりあえずの真理と措定する。そして暫定的真理（作業仮説）をあたかも真理であるように認定してふるまう。われわれにとって「因果連関」とはそうした暫定的真理＝作業仮説にほかならない。

◆因果性と時間

因果連関の強制力を強いと考えれば近代科学の因果律が、弱いと考えれば仏教の縁起観が問題になるはずだが、その論議は宿題として第2章に送ることにして、必然性の問題に立ち帰ろう。

自然的、あるいは経験的因果連関はいかなるとき、必然的であると判定できるだろうか。ここでアリストテレスの偶然観を思い起こそう。それは「偶然とは不定な原因による常ならぬ結果である」と要約できるだろう。アリストテレスにとって（というよりか一般的に）偶然と必然は対概念なので、この要約を裏返しにすれば必然の定義が得られるはずだ。つまり、「必然とは特定な原因による常なる結果である」。してみれば必然的な因果連鎖とは「特定な原因によって常なる結果が引き起こされることである」と定式化できるだろう。アリストテレスの術語から離れてきっちりと定義し直せば次のようになる。「必然的な因果連鎖とは原因（前件）と結果（後件）の間に恒常的な、かつ一義的な生起関係が観察されることである」。同じ内容を、先ほど紹介したマリオ・ブンゲは「もしCが起こるならば、（そしてそのときにのみ）Eは常にCによって産出される」と厳密に定義している（前掲書、強調引用者）。

前に必然的因果連鎖を定義するには必要十分条件では完全でないと述べた理由がここで諒解されるはずだ。「産出される」という表現は時間の前後関係を含意しているのだ。つまり、因果の「ならば」と論理の「ならば」はまったく別ものだ。時間が介入するかしないか、事実的関連性見られるかどうか、この二つが大切な相違点である。

たとえば「しかられなければ、勉強しない」という命題を考えてみよう。もしこれを、時間を考慮に入れずに「ならば」を純論理的に解すると、おかしな事態が引き起こされる。論理的に同値のはずの対偶命題を取ると「勉強するならば、しかられる」ということになる。これは原因―結果には時間が絡んでいることを無視したせいである。この命題は因果関係を問題にしているのだから《しかられる（原因）→勉強する（結果）》の前後関係をきちんと押さえておく必要がある。《勉強するのはしかられるからである／勉強するならば、しかられない》というのが正しい対偶命題である。因果連関における時間的条件の重要性がお分かりいただけただろうか。

◆必然性と偶然性の本質

ここまでの議論を踏まえて必然性の要件として次の三つを挙げることができるだろう。

（1）恒常性

（2）一義性

（3）持続性

（3）の条件は付則である。これは必然的なものはその状態を保持する傾向があるということを述べているだけだ。
ここから対概念の偶然性は次の三つの要件をもつことが導かれる。

（1）稀少性
（2）多義性
（3）瞬間性

この最後の条件も付則だが、偶然のバリエーションである「無常」を考えるときには重要な要件になる（後出）。

アリストテレスを導きの糸にして諸説を参照しながら、ようやくにしてわれわれなりの偶然性の本質を取り出すことができた。三条件のなかで一番問題になるのは(2)の「多義性」である。偶然の多義性はいかなる問題を提起することになるのか。この設問はいずれ先に行って俎上に載せることになるだろう。

◆科学と因果的必然性

すでに見たようにアリストテレスは存在論的レベルでは偶然の存在を認めざるをえなかったが、認識論的レベルでは偶然の存在を拒否（無視）した。偶然的なものは学的認識の対象から排除された。その上、アリストテレスは偶然の原因を「不定」と判定し、それ以上の討究を放棄してしまった。われわれとしてはアリストテレスが戦線離脱した地点から探索を再開しなければならない。

ここで、あらためて根本的な問題を提起する必要がある。「偶然」という概念は果たして存在論的なものと解すべきなのか、あるいは認識論的なものと解すべきなのかという問いである。偶然の存在は客観的なものであり、避けられないものなのか、あるいは単なる主観的ものにしかすぎないのか。巨視的に見れば、西欧的知の枠組《エピステーメー》みは偶然を人間の認識不足（無知）のなせる業と見なす立場が支配的であった。偶然と思われるものも、よく調べてみれば起こるべくして起こったにすぎない。この場合、偶然とは無知の別名、未知なる必然性にほかならない。こうした決定論の立場はスピノザの次の発言によく示されている。

ある物が偶然と呼ばれるのは、我々の認識の欠陥に関連してのみであって、それ以外のいかなる理由によるものでもない。（畠中尚志訳『エチカ』）

まず確認すべきは近代科学のスタンスである。近代の科学者は自然に隠されている法則性の発見が科学の目標であると考えていた。すでに見たヒュームなどのように反論する人たちもいたが、多くの科学者たちが注目したのは自然現象のなかに見られる必然的因果連関だった。同じ原因からは一義的に同じ結果が生起すること、必然性が目撃される因果性。彼らが自然現象の間に見られる原因─結果の必然的連関を発見することが自然の解明であると信じたとしても異とするに足りない。

科学の使命は事物が「必ずしか（然）ある」ことを説明することである。自然現象の因果的必然性を突きとめることである。確かに必然性の追求ということではギリシア以来と変更はないけれども、内実が一変した。目的論的必然性は時代遅れの説明原理として破棄される。ヨーロッパ的知《エピステーメー》の枠組みは目的論的必然性から因果的必然性にパラダイム・シフトをおこなった。「不定な原因」はそれが微細であり、複雑なるが故に人間の認識を拒むが、科学は理論的には「不定な原因」は特定可能であると裁定した。この世界には偶然が存在する余地があることは否定できない。ただ、その偶然の存在を説明することは可能だ。たとえ偶然は客観的に存在するにしても、その原因は科学的に説明がつく（はずである）。決定論を支持する科学の立場はアインシュタインの有名なエピソードによっても確認されるだろう。「神はサイコロを振るか」という設問に対して相対性原理の発見者は「神はサイコロを振らない」と答えた。

　賽ころ投げについては二つの立場がありうる。一つは賽ころ投げは偶然であるという考え方で、この考え方は常識とも一致する。もう一つは偶然のように見えるが、実は複雑な原因が錯綜しているだけで、必然的な決定論に従っているのだという考え方だ。これは、賽ころ投げの偶然性を未知なる必然性と見なす立場で、常識を逆なでする。

「神はサイコロをふらない」というアインシュタインの発言は、超ミクロの世界では物質の運動は確率的にしか予測できないと主張した量子力学（ボーアの不確定性原理）に対する反論だった。その言わんとするところは、この宇宙には偶然によって起こる現象というものは存在せず、すべての現象はなんらかの規則性（必然性）に従って生起するということだ。言い換えればアインシュタインは、現在の人間の技術では測定することができないなんらかの物理量（隠れた変数）がこの宇宙には存在すると考えているのだ。このアインシュタインの発言は物議をかもした。ここで興味深いのは、この論争に加わった科学者がみんな賽ころの動きは偶然的だと考えていたことだ。賽の目の動きはこのすぐあとで取りあげる複雑系科学でいうところの「カオス」であり、〈決定論に支配された偶然〉なのだが。

◆ポアンカレの偶然論

フランスの数学者アンリ・ポアンカレ（一八五四―一九一二）は『科学と方法』のなかで偶然性をめぐってじつに興味深い話題を提供している。

吾々の目にとまらないほどのごく小さい原因が、吾々の認めざるを得ないような重大な結果をひきおこすことがあると、かかるとき吾々はその結果は偶然に起ったという。吾々が自然の法則と、最初の瞬間に於ける宇宙の状態とを、正確に知っていたならば、その後の瞬間に於ける同じ宇宙の状態を正確に予言出来るはずである。しかしながら、たとえ自然の法則にもはや秘密がなくなったとしても、吾々は最初の状態をただ近似的に知り得るに過ぎない。もし、それによってその後の状態を同じ近似の度を以て予見し得るならば、吾々にとってはこれで充分なのであって、このときその現象は予見された、その現象は法則に支配される、という言葉を用いる。しかしながら、いつもかくなるとはかぎらない。最初の状態に於ける小さな差違が、最後の現象に於て非常に大きな差違を生ずることもあり得よう。また、最初に於ける小さな誤差が、のちに莫大な誤差となって現われるでもあろう。かくて予言は不可能となって、ここに偶然現象が得られるのである。

（吉田洋一訳、強調原文）

ここにはなはだ重大なことが主張されている。近・現代科学が掲げる真理への疑念が披瀝されている。因果的必然性に基づく決定論が通用しない領域が自然のなかには存在するのだ。一つと見てよいと判断される原因からまったく別の結果が招来されるのである。初期値の小さな違いが時間の経過とともに予測できないような大きな複雑なふるまいを引き起こす。つまりポアンカレは自然界の現象には二つのタイプ、「単純系」と「複雑系」があると主張しているのだ。四分の三世紀後の複雑系科学（カオス理論）が主張することになる考え方をポアンカレはほぼ予言した（ちなみに『科学と方法』の出版は一九〇八年）。

まず、よく使われる簡単な例でポアンカレの考え方を説明してみよう（次ページの図2）。なめらかな表面をした半円形の容器を考える。左図のように開口部を上にして容器を置いて、縁のある一点から小さな円球を落とす。球は容器の底に向かって落ち、反対側の面を上る。ある地点まで上

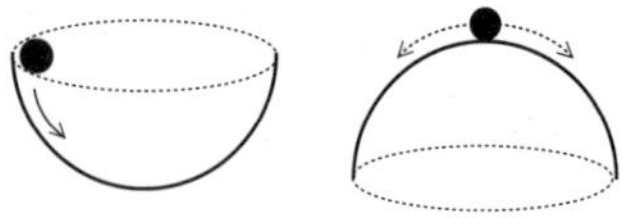

図2

りまた底に落ちて、こちらに戻ってくる。円球は行きつ戻りつの運動をしながら最後には容器の底で静止する。この運動の全行程は（ほぼ）予見可能である。これが「単純系」の現象である。

今度は右図のように開口部を下にして容器を置き、伏せた容器のてっぺんから円球を落とす。どっちへ転がっていくだろうか。この球筋はまったく読めない。最初のちょっとした力の加減で球のたどるコースが大きく変わってしまうからだ。ロボットを使って最初の力を正確に固定しようとしても無駄である。ここでは、機械が制御できないほどの微妙な誤差が問題になっているからだ。これが「複雑系」の現象である。

今度は、森肇が『カオス――流転する自然』で使っているモデルを借りてポアンカレの偶然観をもっときっちり説明してみよう（図3）。

運動方程式が数学的に解け、出発点での初期状態が厳密に同じであれば、その軌道は予測可能である。しかし、図3のように技術的に測定できないほどの微小な差異が問題になる場合は、時間が進み、ある限界点を超えると急激な軌道の変化をもたらすことがある。「たとえ自然の法則にもはや秘密がなくなったとしても、吾々は最初の状態をただ近似的に知り得るに過ぎない」以上、こうした予見不可能なふるまいが存在することを回避しえない。つまり「偶然現象」は科学が対象とする世界（自然）にも存在するということだ。これは科学の非力を意味するのではなくて、もっぱら人間の行使しうる計測能力（計測機器）に限界があるせいだ。近似的な予見でよしとするポアンカレの謙虚さに現代科学の成熟を見るべきだろう。

ポアンカレの偶然の定義は自然科学のミクロの世界に限った話ではない。日常生活でも問題になる。ポアンカレはいくつかの卑近な例を挙げているが、二つだけを紹介する。

先ほどの球転がしと同じタイプであるが、一つはルーレット遊戯である。この遊戯では「最初の一押し」（初期値）にすべてがかかっている。「筋覚によっては感知できず、さらに微妙な器械を以てしても測り得ないわずかな差異」が問題なのである。球の動きを正確に予見することは不可能だ。原因におけるほんのわずかの違いが大金をかけた勝負の運命を決める。

もう一つの例は日常生活から取材したもの。ひとりの男が所用のため通りを歩いている。彼がいかなる目的で何時に家を出たかは知ることができる。とある家の前に通りかかる。折しもその家の屋根の上で屋根職人が仕事をしている。彼は雇い主の指示どおりに働いている。なぜそのとき働いているかは知ることができる。ただ、下にいる男も上にいる男も相手のことはまるで考えていない。この二人はまったく無関係な人間である。ところが、その職人が手にしていた瓦をうっかり落としてしまう。その瓦が通りかかった下の男の頭に命中する。男は死ぬ。

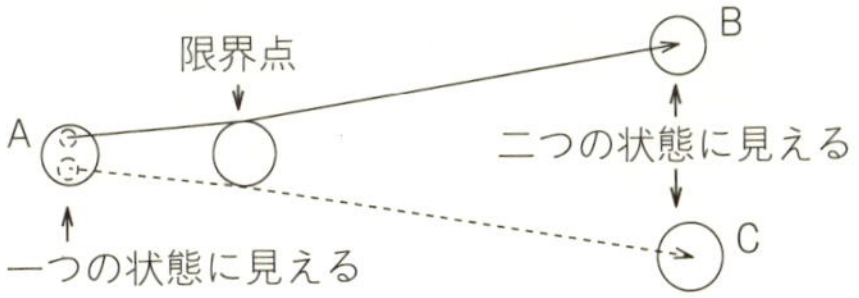

図3

この例は興味深い。もっとも偶然的な事例といえるかもしれない。偶然といわれたとき、多くの人がこのタイプの出来事を思い浮かべるにちがいない。ルーレットの例と異質な印象を与えるかもしれないが、そのメカニズムはまったく同じである。

概して互いに縁のない二つの世界が互に作用し合うときは、その作用の法則は必ず非常に複雑なものにかぎるのであって、また他方に於て、その二つの世界の最初の状況がきわめてわずかに変化しさえすれば、この作用は起らないでも済んだであろう。この男が一秒遅くとおるか、屋根師が一秒早く瓦を落とすかするためには、いずれにしてもきわめて些細な事情で充分であったであろう。

ポアンカレの偶然観のポイントは「原因に於ける小さな差異と結果に於ける大きな差異」の対比にある。そしてまた、偶然がこの世に客観的に存在することがはっきりと肯定されていることも注目に値する。「不定な」偶然の正体が科学的に問題にされたことは大きい。そして、この問題に正面きって取り組んだのが複雑系科学である。

◆バタフライ効果

自然科学の分野で「カオス理論」（Chaos theory）と呼ばれる新しい学問がある。予測不可能な動きを示す現象を対象とする理論だ。ここでいう「予測不可能な」とは、単なる「でたらめ」とか「ランダム」を意味するわけではない。「カオス」とは決定論的な法則に従っているにもかかわらず、非常に不規則なふるまいをみせる現象、予測不可能で複雑な非周期運動のことだ。つまり決定論という一定の規則のもとでの変化と動きで、正確には「決定論的カオス」と呼ぶべき現象である。したがってカオス理論は確率論とはまったく関係がない。これまで、自然のなかの不規則な現象は規則に従わない（確率的）と考えられてきたが、不規則な現象のなかにも規則に従っているもの（カオス）があることが分かってきたのである。

この現象を発見したのはアメリカの気象学者エドワード・ローレンツである。一九六一年のことだ。ある日、彼はコンピューター上で気象モデルを表現する「簡単な」微分方程式を解いていたが、一度目と二度目でまるで違う答えが返ってきたのだ。びっくりして彼が調べてみると0.506127と入力すべき初期値を0.506としていた。この千分の一以下のごくわずかの誤差が結果としてとんでもない予想外の事態をもたらしたのだ。その後、この現象をカオス理論として論文にまとめたが、投稿した雑誌がマイナーな気象学の学会誌であったためにこの「大発見」は長らく人々の注目を集めなかった。

このような初期値の誤差が時間の経過につれて拡大して結果に甚大な影響を及ぼす性質は「初期値鋭敏性」と呼ばれ、カオスの大切な要件となっている。初期値鋭敏性をうまく表現したものに「バタフライ効果」と呼ばれるモデルがある。これには同工異曲のいろいろなバージョンがあるが、その一つを挙げると「アマゾンを飛ぶ一匹の蝶の羽ばたきが、遠く離れたシカゴに大雨を降らせる」。この文はブラジルの蝶の羽ばたきを調べればテキサスの天候を知ることができるという意味ではない。蝶の羽ばたきというごく小さな条件が多くの決定論的条件を経てとてつもない結果を引き起こすのだが、その途中の情報が複雑すぎて完全に読み切ることができず、事実上その振舞い方の予想が不可能だということだ。つまりカオス理論はニュートン力学の、測定および計算の精度は無限だという仮定に疑問符を打ったことになる。

実は、前に話題にしたポアンカレの偶然観はカオス理論をほぼ予見したものだった。事実、ポアンカレはすでに十九世紀末に、二つの星が相互作用している場合はその運動方程式（ニュートンの運動法則）を数学的に解くことができるが、そこにもう一つの星が関わって三つになるとそれが不可能になることを証明していた。一般に、三つ以上の物体が相互に作用する体系ではカオスが問題化する。ポアンカレはカオスを予見したが、その理論化はスーパーコンピューターの登場を待たなければならなかったということである。

カオスはマクロの宇宙空間にも、ミクロの量子的空間にも目撃されるが、われわれの身の回りにもあちらこちらで見られる。たとえば、上に放り投げた野球のボールはニュートンの運動法則に従って軌跡を描くが、空気を抜きながらふらふら飛んでいく風船球の軌跡は予測できない。夏空の入道雲の動き、台風の進路、雪崩の発生とその動き、等々。カオス理論はこれまで偶然と思われていた現象にも規則性があることをわれわれに教えてくれる。確かに、この新しい理論は伝統的な機械論的自然観からの脱却の可能性を示唆しているが、まだいろいろと問題点や疑問点を抱えているように思われる。

◆カオス理論と人生

見方によれば、人生は「カオス」である。

ほんのささいなことがその人の人生を大きく変えることがある。その当座には気づかれなかったのだが、時の経過につれてその波紋の大きさを思い知らされる。「もしあの時あんなことが起こらなかったら……」「もしあの時あんなことをしなかったら……」——仮定法のむなしさに気づきながらも、人は時おりそんな思いに捕らわれる。

恥を告白するようなものだが、私が大学院（修士課程）に入れたのは「お情け」によるものであった。あの頃（一九六〇年代半ば）は母校の出身者は大学院に入りやすかったのだが、その年はどういうわけか内部からの受験生で定員を超えていた（同級生のひとりはやむなく他大学を受験した）。外部からの受験生もあった。厳しい情勢に備えてずいぶん頑張ったはずだが、試験の出来がよくなかった。不合格を覚悟した。しかし結果は予想外の合格だった。あとで聞いたところによると、判定会議はだいぶもめたが、「卒業論文がいいので、研究者として伸びるのでは」というひとりの教授の一言が決め手で、余分にひとり採ることになったとか。あのとき不合格になっていたら、私の人生がどんなカオスを描くことになったか、想像するだに恐ろしい。

カオス理論を逆に見れば、複雑な物事もその由来をたずねると単純な原因に起因するケースがあるということだ。「始めが肝心」という処世訓もある。偶然はとんでもない結果につながることもあるので慎重に対処する必要がある。ここで問題になってくるのが以前に宿題として予告しておいた「他者の措定」と「偶然の多義性」の問題である。今までわれわれは偶然性の問題を主に時間軸に沿って「通時的」に考えてきた。しかし偶然性は空間を軸にして「共時的」に捉え返すこともできる。通時的アプローチはいってみれば偶然の初めに注目するのに対して、共時的アプローチは偶然の終わりに注目する。言い換えれば偶然を「出会い」として、「独立なる二元の邂逅」として捉えようとすることだ。

◆九鬼偶然論を導きの糸にして

すでに引いた九鬼のことばを出発点にしよう。「偶然性の核心的意味は「甲は甲である」といふ同一律の必然性を否定する甲と乙の邂逅であり」、「偶然性の根源的意味は、一者としての必然性に対する他者の措定といふことである」。ここでは偶然性は二つの系列《セリー》の交差として捉えられている。すでに触れた偶然の終わりに注目するアプローチである。図示すれば図4のようになる。

偶然性はAなる系列（因果連鎖）とBなる系列（因果連鎖）のC地点における「出会い」であ

る。Aは自分の運動方程式に従って動いている。Bもまた自分の運動方程式に従って動いている。個別に取りあげて見れば、そこには必然性が支配している。AはAであることのプロセスを踏んでいるし、Bについても同様だ。偶然性とはそれまで無関係であった独立した二つの系列が関係をもつことだ。わが道を行くそれぞれの系列が自分とは違った未知の系列（他者）にゆくりなくも「今・ここ」で向き合う。偶然性は、一つの必然的な因果連鎖（因果性）と別の必然的な因果連鎖（因果性）が交差することである。言い換えれば偶然の原因は、二つの因果系列が交差した事態の必然的な結果である。偶然の発生のメカニズムは必然的である。そこにはしかるべき理由があり、説明が可能だ。ただ、この交差したという事実は厳然として客観的に存在する。偶然の出来《しゅったい》する原因は説明可能だが、どうして二つの必然的な因果連鎖がその時その場所で交差することになったのかという理由がどうしても説明できない。ほんのちょっとしたズレ（初期値）で、その事態は起こらずに済んだはずなのだ。そこに目撃される偶然の暗合（一致）の理由は人智の及ぶところではない。認識論的な次元では偶然は起こるべくして起こった、必然的なものとして説明が可能であるが、存在論的次元でのなぜという問いには答えがない。まさしく存在論的謎だ。この問題を掘り下げていくと人は宗教的な問題に逢着するはずである。

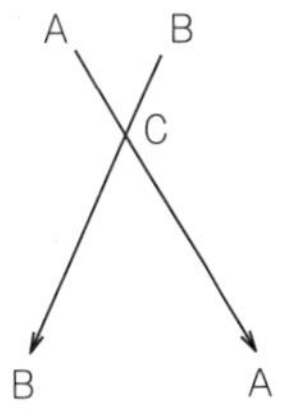

図4

◆偶然と驚きの情

ただ、ここで注意しなければならない点は、独立した二つの系列が出会えばいつも偶然が観察されるとは限らないということだ。偶然が問題化するためには驚きの情がともなわなければならない。驚きの情を引き起こさなければ、くだんの接触は起こる可能性のあった当然の出来事として意識されるか、あるいはまったく気づかれずやり過ごされてしまうかだ。偶然性は「今・ここ」での驚きの情である。偶然に固有の時間性は現在である。そして偶然に固有の感情は驚きである。

偶然性のこの二つの性格をさらに浮き彫りにするために、ほかの様相の場合と比べてみよう（以下の記述は九鬼の論文「驚きの情と偶然性」に主に依拠しているが、所々に私見を交えてある）。

「必然」は「必ずしか（然）ある」という同一性の原理に関わっている。「必ずしかある」ためには既にしてあったものでなければならない。必然性の時間的性格は過去性である。必然性はすでにあったものがまた起こるという反復性をその性質としてもっていて、プラスの感情としては「安心」、マイナスの感情としては「退屈」を引き起こす。いずれも緊張度の低い、なだらかな快・不快の感情である。

「可能」（未然）は「未だしかあらず」であり、未来的時間性を帯びている。「未来」は「いまだ無いもの」を前にしているので「不安」を喚起するが、プラスの感情としては「期待」、マイナスの感情としては「心配」が挙げられる。いずれも必然性に伴う感情に比べて緊張度が高くなっている。

必然性と可能性は過去と未来というように方向性は確かに逆であるが、問題の出来事に対しては「距離」が見られる。別言すれば両者とも共通して「待ち」のスタンスがみられる。ただ、等しく「待ち」のスタンスとはいっても、どちらかというと必然性は受動的、可能性は能動的という違いは指摘できる。このことはたとえば読書の場合を考えてみると分かりやすいかもしれない。

なぜ人は同じ本を、同じ曲を、おなじ話を繰り返し読んだり聞いたりするのだろうか。その一つの理由は、快い体験を再体験したいからである。予想したことが再現されることを待ち、そのとおり再現されると安心感（快感）がもたらされる。追認の喜びである。子供が同じ童話を何度もせがむのも同じ理由である。

今度は新しい本、新しい曲、新しい話を前にした時のことを考えてみよう。いったい次にはなにが起こるのか、「快」が来るのか「不快」が来るのか、人は期待を胸にして待つ。そこには必然性の場合とは異なり、これから起こることに対する緊張（予測）がみられる。

ところが、必然性と可能性に見られる出来事との「距離」が偶然性にはない。出来事は突発的であり、瞬間的である。偶然性が喚起する驚きの情は必然性と可能性のもたらす感情に比べてずっと緊張度が高い。しかも、その強度に従ってそれを感じる人間の心理にさまざまな波紋を引き起こす。頂点には「歓喜」の情があり、どん底には「恐怖」の情がある。しかしながらなんといっても、偶然がもたらす驚きのなかでいちばん偶然らしさが感じられるのは小さな驚き、こちらの予想がちょっとはぐらかされたときに感じる驚きである。

たとえば「笑い」がそうである。人品賤しからぬ盛装の紳士が通りを闊歩しているとき、なにかに蹴躓いて転んだとする。まさか転ぶとは思わない。だからおかしい。もしこれが幼児だったら、とうぜん予想される事態であるからちっともおかしくはない。しかも、「ちょっと」だから笑えるのだ。もしその紳士が転んで怪我をしたのであれば、それこそ笑っている場合ではない。駈け寄って手をさしのべなければならない。

目撃される偶然を前にして人は、その内容によってあるいは美しいと感じたり、あるいは醜いと感じたり、あるいはおかしいと感じたり、あるいは悲しいと感じたりするが、その際「ちょっと」という条件は重要である。偶然が喚起する驚きは瞬間的であり、デリケートである点にその特徴がみられる。偶然性は喜怒哀楽や美的感情に深く関係する様相である（この点は第3章で「無常の美」を話題にするとき俎上に載せる）。

なぜ驚きの情は緊張度が高く、多様な反応を引き起こすのだろうか。可能性も偶然性も等しく「他なるものでありうる」様相であるが、そこには大きな懸隔が指摘できる。可能性は必然性に傾いているのに対して、偶然性は不可能性に傾いている。偶然性は「他なるものでありうる」度合いがきわめて高いケースである。偶然はその程度が高まれば、不可能性に重なる。宗教で問題になる「奇蹟」は不可能性と偶然性の結合と解することができる。

このタイプの結合は自然科学の分野でもみられる。フランスの分子生物学者モノーが生命誕生のドラマに「本質的な」偶然を目睹《もくと》し、驚倒したことについては「序」ですでに紹介した。だが、この同じ事実を前にしても、人によって受けとめ方は異なる。あまり生物学に興味のない人にとってはこの「奇跡的」偶然はたいして興味を引かないかもしれない。偶然はそれに向き合う人の「主観」に大きく左右される。偶然的事象に対する当人の関係や立ち位置によってその認知度と評価に差が出てくる。すでに言及した「偶然の多義性」はこの性質を指している。そしてこの「偶然の多義性」は、そこに人間が深く絡んでくれば来るほどその度合いを強める。偶然が深く関わってくる経験的地平を「偶然の実存的地平」と呼ぶことができるだろう。「偶然の実存的地平」は偶然の存在論的次元を人間的視点で捉え返したものである。そこでは、偶然を考えるというよりは、偶然を生きるということが問題になる。次にわれわれは偶然の実存的地平に光を当てなければならない。

◆偶然と縁

まず前節で確認したことを日常的体験に引き戻して考えてみよう。

二人の架空の人物に登場してもらう。どちらもごく平均的な二十代前半の若者である。明彦は情報関連の企業に勤めている。佳子は市役所に勤めている。二人は高校の同窓生で、在校中、時々言葉を交わす程度でそれ以上の親しい付き合いはなかった。卒業後、離れた町に住んでいたこともあって、会う機会はまったくなかった。ある日のこと明彦は、普段ほとんど足を向けないS町の大型書店で面白そうなブック・フェアがあったのでわざわざ出かける。佳子はその書店の近くの行きつけのブティックに注文してあった服を取りに行く。二人は書店の入り口でばったり出会う。このあといろいろなケースが考えられる。そのケースを大まかに挙げてみよう。

(1) ちょっと立ち話してそのまま別れる。
(2) どちらかが誘って喫茶店などで会話する。
(3) 話しているうちに意気投合する。
(4) 別れるとき再会を約す。
(5) 何度か会うにつれしだいに相手にひかれていく。
(6) 結婚へとゴールインする。

「合縁奇縁」という言葉がある。人と人との出会いは不思議なものだ。「袖振り合うも他生の縁」という言葉もある。男女の仲については「縁は異なもの味なもの」という味な言葉もある。「縁」というと、決定論や宿命論を連想しがちだが、縁にはもっと深い意味がありそうだ。縁と偶然はどんな関係にあるのか。縁や偶然というものは向こうからやって来るものなのか。必ずしもそう考える必要はないのではないか。こちらから働きかける側面もあるのではないか。

日本が生んだ型破りな大博物学者・南方熊楠《みなかたくまぐす》が「縁」について独特な考えを開陳している。それを約説すれば次のとおりである（中沢新一編《南方熊楠コレクションI》『南方マンダラ』）。

あらゆるものは「心」と「物」の結節点で「事」として現象する。「事」としての現象は「心」と「物」の交わりの結果だ。してみれば「心」または「物」を別々に分析しても「事」の本質に肉薄することはできない（ここに西洋流の学問の限界が見いだされる）。「物界」（外的世界）は因果の法則が支配していて、たしかに因果応報ということが見られる。しかしながら、「心界」（内的世界）は「心界」で、独特で固有なメカニズムが働いていて、一筋縄ではいかない摩訶不思議な世界だ。しかも、この摩訶不思議な心界の動きは物界の出来事に影響を及ぼす。あるいは反対に物界の出来事が心界に波及する。心界と物界はつながっており、お互いに共鳴し合っている。「心界」と「物界」が相依相関的に関係し合って「事」が生ずる。そして、ひとたび生起した「事」は「心」と「物」にフィードバックされ、「心」と「物」はおのずと変容をこうむることになる。こうした働きかけ働きかけられる相互作用の結果としてこの世界が形づくられてゆく。「事」（現象）は「心」と「物」が織りなすダイナミックで複雑な結合連鎖の所産である。

それでは「事」の真相とは何か。この疑問に対して熊楠は「縁」の思想を持ち出す。

> 今日の科学、因果は分かるが（もしくは分かるべき見込あるが）縁が分からぬ。この縁を研究するがわれわれの任なり。しかして、縁は因果と因果の錯雑して生ずるものなれば、諸因果総体の一層上の因果を求むるがわれわれの任なり。
>
> （強調原文）

熊楠の「縁」の思想を、先ほど紹介した男女の出会いの例を使って説明しよう。（1）は二人の出会いがあとになんの結果も残さない場合である。(2)と(3)はちょっと波紋が生じているが、それきり別れてしまえば二人の人生はおのおのの運動力学に従って別々に進展するだろう。(1)(2)(3)も縁である。(4)から(5)を経て(6)にたどりつく。これもまた縁である。あとの場合のように重大な結果につながる縁を熊楠はとくに「起」と呼ぶ。つまり、すべての縁が「事」を起こすわけではない。訪れた縁をその当事者がどう受けとめるかによって「事」は起こったり、起こらなかったりする。「事」の起こり方は「心」(主観)の判断に左右される。そして「事」は関係した人間の人生を大きく変えることになる。

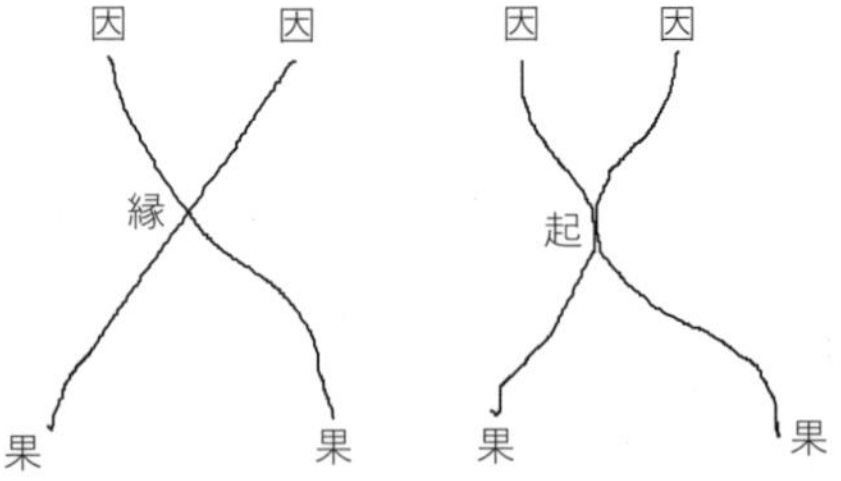

図5

二つの縁の違いを熊楠は上のような図で説明している。あれ、同じではないかと不審に思う読者もいるはずだ。だが、二つの図をもう一度よく見比べていただきたい。線分の交わり方に微妙な違いがあるはずだ。この図のポイントは縁を示す線分は接触したあとでも、そのまま素直な軌跡を描いているのに対して、起を表す線分は接触すること(むしろ衝突というべきか)によってその軌道を大きく逸らしていることだ。もちろん軌道の逸れ方はケースバイケースであるが、「起」があたかもカオス現象の初期値のように重要であることを熊楠の図はよく表現している。偶然は関係する系に波紋(乱れ)を引き起こす。

以上が南方熊楠の「縁」の思想である。人間は縁起の結合連鎖にただ翻弄されるだけではない。「縁」に働きかけ「事」をもたらすことも可能なのだ。この熊楠の「縁」の考え方はむろん仏教の縁起観から出ているが、人間の心の働き、主観の働きかけを強調している点に特色が見られる（縁起観については第2章で詳述する）。

◆偶然と事後的意味付与

熊楠の「起」としての縁が、われわれの考えている偶然である。因果的連鎖の、複雑な関係の網の目としての偶然。われわれは前に「独立した二つの系列が出会えばいつも偶然が観察されるとは限らない」と注意し、「そこに驚きの情がともなわなければならない」と付言した。その驚きの情は「ちょっと」から「超」までさまざまである。同じ偶然的事態に立ち会っても、人によってその受け止め方に大きな差が出る。たとえば先ほどの男女の出会いにしても片方は重要視しても、もう一方はそれほど意味を見いださない場合もありうる。しかしその場合でも、初めは軽い気持ちで付き合いだしたのに段々とテンションが高まっていくこともあるだろう。偶然はすぐにはその意味が理解されるとは限らない。時の経過とともに初めてその真の意味が判明することがある。だから偶然には「育てる」という側面がある。

「偶然を育てる」という側面から、明彦と佳子の例を考え直してみよう。嫌いな人間に対してはその人のアラばかりが目につくが、好意を持っている人間に対してはその人のいい面を見つけようとするものだ。隠れた美質をわざわざ探すことさえする。「あばたも笑窪」である。恋する人間は理想主義者だ。（5）の段階の明彦と佳子がそれに当てはまる。恋する人間のなかでは理想化＝美化作用が生まれる。この心的機構を美しく説明したのが、かの有名なスタンダールの「結晶作用」にほかならない。

恋する男の頭を二十四時間勝手に働かせるままにしておくと、次のことが観察されるだろう。

ザルツブルクの塩坑で、冬が来て葉を落した木の枝が廃坑の奥深くに投げこまれる。二、三カ月して木の枝を取りだして見ると、きらきらとした結晶でおおわれている。シジュウカラの足ほどもない、いちばん細い枝ですら、揺れながらきらきらめく無数のダイヤモンドで飾られている。もとの小枝はもはや認められない。

私が結晶作用と呼ぶものは、精神の働きにほかならず、そのお陰で人は目の前に生起することから、愛する対象が新しい美質を持っていることを発見することになるのである。

（『恋愛論』）

スタンダールは「二十四時間」と期限を切っているが、その必要はない。相手を愛している限りこの「結晶作用」は続く。なるほど、その程度はしだいにおだやかになるかもしれないけれども。

注目に値するのは、この結晶作用は「過去」にも及ぶことだ。出会ったことが特別視され、特権化されるのだ。明彦と佳子はそれ以前の人生を見直し、整理し直し、そこに新たな意味を見いだす。過去の人生が出会い（偶然）を軸心にして、一つの目的（愛の成就）に向けて編成されることになる。この偶然はみずからが引き寄せたもの、みずからが選び取ったものと思いなされる。偶然のめぐりあいは事後的な再構成＝意味付けによって合目的性（内的必然性）を付与される。そうして愛する二人は、この出会い（偶然）は起こるべくして起こったものだという印象を抱くことになる。こうして偶然は願望の実現の契機として位置づけられて、運命へと昇華する。これが因果的偶然が内面化されるプロセスである。事後的な目的論的意味付与がこのプロセスの要諦である。ニーチェの思想をうまく要約したリチャード・ローティに寄りかかっていえば、人生の偶然に向き合う秘訣は「すべての「あった」を「私はそう欲した」に再創造すること」にある（齋藤純一ほか訳『偶然性・アイロニー・連帯』引用符強調原文）。

◆偶然の主観性

重ねて言う。偶然とは主観的なものである。同じ事態に直面しても受け止め方に大きな違いが出てくる。その意味で偶然は多義的だ。人によってそこから異なる意味を引き出す。

前に問題にしたポアンカレの二つの例をちょっと視点を変えて捉え直してみよう。ルーレットの球のふるまいは、賭け金をかけている人にとってははらはらしながら注目する有意味な動きだが（いくら賭けているかによってその意味するところは異なる）、賭けに参加していない人にとってはなんの興味も引かないただの動きだ。落ちてきた瓦で即死した男の場合も、同じようなことが言える。男に妻があったとしたら、その妻は半狂乱に陥るだろう。彼の友人たちは深い悲しみを覚えるだろう。会社の同僚は男の不運に同情しながらも、その一方でその死が自分たちの仕事や会社に及ぼす影響を心配するかもしれない。夫婦が贔屓にしていたレストランの店主は妻に通り一遍のお悔やみを口にするだろう。このように、偶然的な出来事に対する距離に応じて、偶然の意味するところはまるで違ってくる。

偶然の実存的意味を考えるために男の妻の身になってみよう。彼女は半狂乱が治まると偶然の原因に思いをはせる。なぜこの不運は起こったのか。どうしてよりによって夫が犠牲者とならなければならなかったのか。理不尽である。ここで彼女が自分の夫以外の可能性を想定していることがポイントになる。ここで問題になる偶然は九鬼が「離接的偶然」と呼んだものだ。「離接的」は「選言的」と言い換えたほうが分かりやすいかもしれない。二つ以上の選択肢（全体）のなかの少なくとも一つ（部分）に注目する（を選択する）ことだ。

男の妻は取り乱していたときは、その「部分」だけにしか目がいかなかった。彼女は偶然を生きていたからである。実存的地平にいる限り偶然の真相は見えてこない。「全体」を見渡すためには直面している事態から身を引く必要がある。「起こりえなかったかもしれない」（ほかの可能性）を想定するためには、「高みの視点」に立つ必要がある。そのとき自分が生きた偶然は可能な選択肢の一つであったことが分かる。ここに見られるのはミクロの視点からマクロの視点へのシフトである。

しかしすでに言及したように、存在論的地平では「なぜ」という問いに答えはない。ほかの可能性もあったのに自分の夫が特に選ばれた理由は見いだせない。無理に理由づけをすればそうならざるをえなかった、そうなる定めだったと諦めるしかない。大いなる不幸の苦痛を軽減するには超自然的な悪意（たとえばデモン）のせいにするのが一番である。悪意の必然化だ。大きな不運が降りかかってきたときは、「起こるべくして起こった」と観念するのが得策である。すべてはすでに書かれていたとする宿命観である。十八世紀フランスの人間性探究者《モラリスト》ヴォーヴナルグも言うように、「必然は理性よりも苦痛を軽減する（＝どんな理由づけよりも、これは避けられないものだったと考えるほうが苦痛を感じないですむ）」（『反省と格言』）。ここにもまた偶然の必然化が見られる。良きにつけ悪しきにつけ、偶然の必然化の鍵は目的論の導入である。

では、存在論的な偶然を宿命論で逃げないと、どういう事態が待っているのか。形而上学的問いである。なぜこの世界は存在するのか。なぜ別のようにではなく、現に今あるような形で存在しているのか。なぜ自分はこの世に生まれてきたのか。なぜ別のようにではなく、今こうして現にあるように生きているのか。謎、謎、謎、深い謎である。世界への存在論的な問いからギリシアの哲学は始まった。それに対してインドの仏教思想はこの世に生まれたこと（生）に煩悩（苦）の淵源を見た。

「存在」を根本的問題と見た西洋哲学と、「生」を根本的問題と見た東洋思想――この対照はなにを語っているのか。次章では偶然性を解読格子としてこの問題を掘り下げていくことにしよう。

第2章

因果と縁起

◆二つの因果連関

前章でわれわれは必然性と偶然性の関係を考えた。そこで問題になった因果連関は、原因と結果の関連性を強く解釈する。つまり原因と結果の関係（生起性）を強制的と考える。そしてそれに反するものを偶然と把握する。この因果連鎖はイメージ的には矢印で表される（A➡B）。厳密な定義はすでに紹介したブンゲのもので、「もしCが起こるならば、（そしてそのときにのみ）Eは常にCによって産出される」となる。平たくいえば「逆も真なり」である。

実をいえば、因果連関にはもう一つのタイプがある。「縁起」である。縁起とは「縁《よ》りて起こること」という意味だ。縁起は原因と結果の関係性をゆるく解釈する。仏典のストック・フレーズを借りれば、縁起は次のように言い表せる。「これある時は彼あり、これ生ずる時は彼生ず。これなき時は彼なく、これ滅するより彼滅す」である（ちなみに前半の二命題と後半の二命題は「対偶」で、論理的には「同値」だ）。因果律の想定する一方向的な原因＝結果の関係ではなくて条件付き生起、双方向的な相依相関関係だ。イメージ的には逆向きの二つの矢印で表される（A⇄B）。平たくいえば「持ちつ持たれつ」である。

東西で因果連関をめぐって上記のような差異が見られるのは何故だろうか。考えられることは、西洋の学問と東洋の学問の問題意識の違いである。よく言われるように、西洋哲学は「学」であり、「物」の真理を追究する。それに対して東洋思想は「教」で、倫理的な安心立命を追求する。

さらにいえば西洋文化は空間的＝理知的で、形あるもの、すなわち「有」の論理——「物」の論理——が支配する。このことは、「無からはなにものも生まれない」（アルキメデス）という古代ギリシア人の考え方によく示されている。無（非有）は存在の欠如であり、消極的概念と見なされ、「有」のなかにこそ真理が求められる。それにひきかえ、東洋文化は時間的、情意的で、「無」の論理——「心」の論理——が支配する。形なきもの、すなわち「無」をあらゆる「有」を産み出す根源と考える。もっと問題を絞り込めば、なにを主に思索の対象に選び取っているかの違いだ。認識対象のモデルの問題である。西洋哲学は「自然」への関心によって成立している。世界の本質を理論的に解明することが目ざされている。それに対して東洋思想は「人生」への関心によって成立している。人生の諸問題の解決が第一で、実践的な知恵の獲得が目ざされる。要するに、西洋哲学の特徴は「学」であり、東洋哲学の特徴は「教」である。

◆西洋哲学史の三つの指標——世界・神・人間

まず西洋の場合を俎上に載せることにしよう。

西洋哲学の歴史は「自然」（世界）とどう関わるかによって大きく三つの時期に分けることができる。その消息を、すでに名前を挙げたレーヴィットは次のように要約する。

人は世界と人間を理解せんがために神から始めなければならないか。それとも、神と世界を理解せんがために人間から始めなければならないか。それとも、神的なことと人間的なことを理解せんがために世界から始めなければならないか。歴史的に言えば、ギリシャ初期における哲学は、自然的コスモスとしての世界の経験から始め、次いでそれがキリスト教の神と創造の教えによって蔭に押しやられ、そして最後に、近代になると、存在するものの全体を人間の自意識から築き上げ、「実体」を「主観」として把握するに至る。

（前掲書、強調原文）

世界の中心になにを置くかによって描出される自然＝世界像は大きく変わってくる。ギリシア的世界観では世界の内在的原理として神が立てられる。ここでは宇宙論と自然哲学とが一致する。自然（世界）はコスモス（秩序・調和としての宇宙）と見なされ、「生ける自然」がテーマとなる。そして天体の運動や自然、生物のなかに見いだされる見事な秩序・調和をモデルにして有機体的＝目的論的自然像が結ばれる。

すべてのものは、游ぐ魚でも飛ぶ鳥でも植物でも、同様の仕方でではないにせよ、とにかくなんらかの仕方で共同的に秩序づけられている。これらすべては、それぞれ他とは無関係に存在するようなものではなくて、互いになんらかの関連をもっている。それは、或る一つのもの〔＝或る一定の目的〕に向けてすべてが共同的に秩序づけられている〔……〕

（アリストテレス『形而上学』）

自分自身を生成していく生きた秩序としての自然（ピュシュス）。自然は規則的に反復・循環する現象に満ちている。太陽の動きにつれて昼と夜は対立しつつ反復し、月の満ち欠けにつれて暦の月は替わり、四季はめぐり、一年が終わる。春にまかれた穀物は生長し、秋には豊かに実をつけ、冬になれば枯れる。天体と生物は反復し循環する数多《あまた》の現象を提供する。自然は繰り返す。永遠のコスモスとしての必然性が説明原理として要請される。カオス（偶然）の存在余地はない。アリストテレスは揚言する。「自然はなにものをも理に反して、また無駄には造らない」（『天体論』）、「神と自然とは余計なものをなにも造りはしない」（同書）と。

古代における世界の内在的原理としての神に代わって、中世のキリスト教的世界観は世界の外に立つ創造神としての神を定立する。それは超自然的な絶対者による世界創造の「シナリオ」である。キリスト教では「世界」から「神」へと中心軸が移動する。キリスト教は反自然＝反世界的である。たとえば初期のキリスト教にとって自然は重要な価値をもっていなかった。精神的価値のみが問題だった。「自然界が注目に値いするのは、ただ神が自然界を使って信仰厚きものに特別なお告げを伝えるからだけなのであった」（リン・ホワイト／青木靖三訳『機械と神』）。超自然的神が告げるのは、始まりに「創造」と「原罪」が、歴史の究極に「最後の審判」と「復活」が書き込まれた人類救済史である。キリスト教的終末論は神の支配という終末の視点から歴史を捉え直し、そこに意味あるひとつの摂理（必然性）を見ようとする目的論である。それはいわば終末に向けて延びる初めと終わりのある一本の必然的な「線分」にほかならない。

人間は「神の似姿」として被造物のなかで特権的な位置を占め、神と近い関係にある。神と人間は「契約」によって結ばれている。世界（自然）の外に立つ神は自然と切れているが、人間もまた自然と距離を置き、自然のロゴスよりは神のロゴスに耳を傾ける。キリスト教によって自然（世界）は非神聖化、非コスモス化する。この傾向は近代科学の発展につれて加速されることになる。有機体的自然（生ける自然）は無機的＝機械論的自然（物的自然）に変容する。

キリスト教神学は反自然＝反世界的であるという点で古代の世界観と鋭く対立するが、目的論という点では軌を一にしている。そこにはロゴス主義（必然性）が支配している。コスモスとしての宇宙論的ロゴスと神の摂理としての神学的ロゴスとが。目的論の呪縛から自由になるためには、近代哲学と近代科学の覇権を待たなければならなかった。

万物にとってのコスモス、神の創った世界、そして人間のための自然。近代的世界観の中心は「人間」になる。近代的自然＝世界観については第1章でデカルトを取り上げたとき見たので、ここでは再論しない。ただ、近代の力学的＝機械論的自然観がキリスト教神学とつながっている側面があるという点に注意を喚起しておきたい。キリスト教に見られる、神による救済史的摂理という目的論的必然性——未来に伸びる一本の線——に対して科学的世界観は、力学的＝機械論的連鎖という因果論的必然性——遠い過去から発した一本の線——を対置する。近代の自然科学を駆り立てたのは自然の隠されたメカニズムの発見、自然の「合理性」の解明であるが、実をいえばそれはキリスト教がすでに教えていたことであった。この点についてホワイトヘッドがおおよそ次のような意味のことを述べている。この世界は神によって建築されたが故に「合理的」であるという、中世に形成された「信念」が西洋の自然科学の探究を下支えし、可能にしたのである、と（『科学と近代世界』）。キリスト教と近代科学主義は「この世界は合理的に創られている」という前提を共有している。神の国の代わりに理性の国が建設されることになる。そこでは必然的因果連鎖の原理が貫徹されることになるだろう。

◆因果律と縁起観

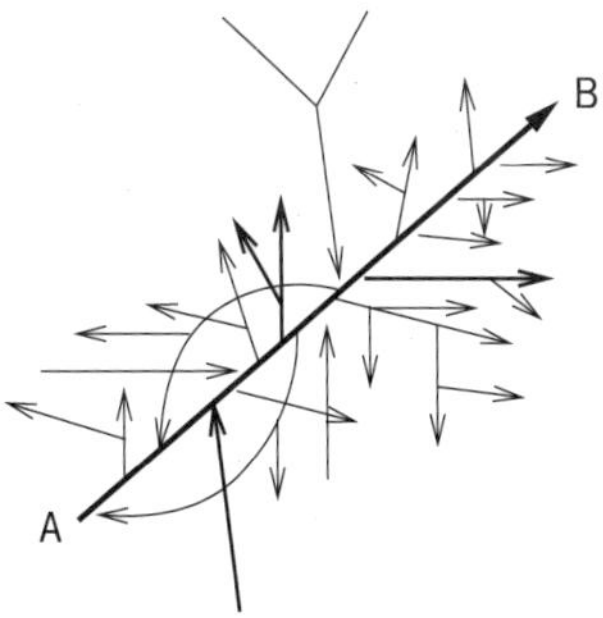

図6

すでに見たように、西洋近代科学が問題にする因果連関はその強制力がきわめて強く、原因と結果は必要十分条件の関係にある。先ほど便宜的に、因果性を「A→B」、縁起を「A⇄B」とイメージ化したが、このイメージ化はきちんと補足説明しないと誤解の元になる（よくある弊害で、イメージ化＝図示化につきものの単純化のせいだ）。

因果性（原因―結果）という概念が単純化の産物であるということはすでに確認した。もしその経緯を図示化すれば一本の矢印ではなくもっと複雑な矢印を使わなければならない。たとえば前ページの図6のように（これでも単純化しすぎているが）。

因果性は主要な条件（AとB）だけを取り出したものだ。必要十分条件の関係にあるから、Aがあるときには必ずBが目撃されるし、BがあるときにはAの働きかけがある。このときこの因果連関は「必然的」であると見なすことができる。近代科学が問題にしたのは必然的因果性であった。以下、縁起の因果連関と区別するために「必然的な」因果連関が問題になるときは、「因果律」「因果性」ということばを使うようにする。

因果性とは原因と結果の必然的な関係にほかならない。おのおのの事物は固有の「本質」（根拠）をもっている。言い換えれば、因果律の支配する世界では実体が問題になる。必然的因果連鎖であるから結果から原因を一義的に特定できる。真の原因を突きとめることができる。世界は合理的に説明できるはずだ。これが近代科学の拠って立つ原理である。

◆縁起のロゴス

因果性と縁起の相違を分かりやすく説明するのは難しい。難しいが、大切なことなので、なるべく嚙み砕いた説明を心がけよう。

ではまず、縁起のイメージ化、「A⇅B」の説明からはじめる。

このイメージ化をくれぐれも、「逆も真なり」（因果性）と混同しないでほしい。双方向性の二本の矢印は「可逆性」をではなくて、「弱い関連性」を表しているのだ。弱い関連性を図示すれば図7のようになる。

AがBの原因になることはあるし、結果のBが原因としてAをもつことはある。ここだけ見れば因果性となんら違いはない（太い矢印）。問題はAはCの原因でもありうるし、BはCの結果でもありうるということだ。ここが縁起と因果性の違いである。つまりAは「必然的に」（一義的に）Bを生起させるわけではない。「A（原因）であってもC（結果）」「B（結果）であってもC（原因）」というケースがありうるのだ。AとBが因果律で結ばれていればBが生起した場合、原因は一義的にAと特定される。縁起の関係の場合は「BでないならばAでない」（対偶）とは言えるが、「BであるからAである」とは必ずしも言えない。縁起の場合、AとBの関係は「多義的」たらざるをえない。偶然が介入しうる。縁起は「容」偶然的である（この面妖な表現に注目。いずれもう少し先で、われわれは「容」偶然主義を提案するはずだ）。

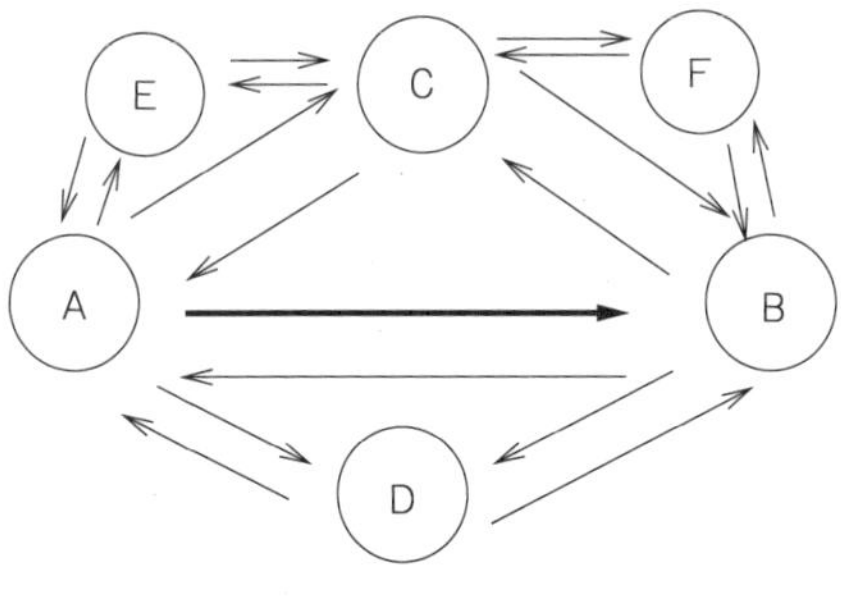

図7

いま確認していることは必要条件としての原因ということである。つまりBはAの必要条件でしかないということである。

必要十分条件としての因果性と必要条件でしかない縁起――こ

の違いは限りなく大きい。

上の説明は縁起の弱い関連性の偶然的性格しか取り上げなかったが、弱い関連性は別の重大な問題に導く。弱い関連性を射程に取り込むということは、次々と関連性を遠くに求めていくことを意味する。たとえばAとCはEという交点をもちうる。CとBはF、AとBはDという具合に縁起のネットワークはどんどん拡がる可能性がある。どこまで広げるかはケースバイケースだろう（仏教でも宗派によって対応が異なる。後述）。いっぽう、因果性は直接的な原因しか問題にしない。間接的な原因は捨象（無視）する。それにひきかえ、縁起は違う。間接的偶然も数に入れる。問題になるのは二事象間の「関係」ではなくて、すべて（あるいは多く）の事象間の「相依相関」である。前ページの図でいえば、CもDもEもFもBの生起に間接的に関わっていると考える。言い換えれば縁起では偶然的原因も事象の生起には重要な役割を果たすことになる。直接的原因（因）だけでは結果は生じない。直接的原因と間接的原因（縁）の両方がそろったときに結果（果）はもたらされる。それだけではない。AからF以外、たとえば直接あるいは間接的に作用をおよばさなかった条件も、なにも作用を及ぼさなかったという点で消極的な原因と考えられる。一つの事象の生起にさまざまな要因がからんでくる。

上述したことはこうも言い換えられる。縁起観はすべてのものを究極的原因から説明する必然主義とも、すべてのものは原因もなくでたらめに生起すると説明する偶然主義とも一線を画する。つまり、縁起観はすべての存在の原理として「一義性」を見るのではなくして、「多義性」を見るのだ。ここで問題になるのは錯綜した関係性である。さまざまな原因からさまざまな結果がもたらされる。あるものXは一つの必然的原因があって「今ここに」存在するわけではない。かといってまたなんの原因もなく「今ここに」存在するわけでもない。ただ限りなく錯綜する「因」と「縁」の「合力《ごうりょく》」の結果として、たまたま「今・ここに」現象しているのだ。

◆縁起と無我

すべての事象の「相依相関」という縁起観を樹立したのは仏教中興の祖ナーガールジュナ〈漢訳名「龍樹」〉であるが、その縁起観は彼以前の考え方と異なるものであった。ナーガールジュナは縁起の連関をすべての事物に押し広げる。一つの出来事の生起にいわば全宇宙が関係していて、森羅万象が原因となりうる。彼以前の縁起観は必ずしもそこまで徹底していなかった。ナーガールジュナの縁起観を三枝充悳は次のように約説している。

> ナーガールジュナの説く「縁起」の最大の特徴は、従来説かれていた一方的な関係性を、相互依存〈……〉の関係性に拡大し進展させたことにあり、しかもこの縁起‐関係の洞察をどこまでも徹底する。ここに、A→Bの関係はA⇄Bとなり、そしてそれはAとBとの二支間にとどまらず、多支に拡大して行き、さらにその関係性は諸支の相互肯定的や相互矛盾的な成立そ

の他をも含む。しかもこのような多支の複雑な関係性は多層に重なり合う。同時に、それぞれの支すなわち個は、その独立が関係性そのもののなかに解消されて、その実体性を奪い取られる。一切の実体論は成立せず、完全なる関係論のみが、ナーガールジュナの縁起説にほかならない。

（『縁起の思想』）

たとえば「私」が今ここにいるという事実は、「私」のこれまでの人生の履歴はもとより、父親と母親、そのまた親たちなどさまざまな〈因〉と〈縁〉の、それこそ気の遠くなるような錯綜した連関の結果なのだ。この世の森羅万象はこうした連関の織りなす相依相関関係の結果でしかない。「私」の存在はこの関係の網の目を離れては考えられない。縁起観はそれだけで自立的に存在するもの（実体＝自性）をいっさい認めない。したがって、すべては無常である。無我である。ここから仏教は「すべては空である」という結論を引き出すことになる。

仏教の空観は大きく括ってしまえば「諸法無我」に還元することができる。無我であるとは一切のものには固有の自立的＝自存的実在（自性）がないとうことだ。「諸法無我」とは存在の「相依相関性」を空間的視座から説明したもので、事物を離合集散するものとして捉えている。これは常我（不変的＝恒存的実在）の否定であり、すべての事物は生滅流転することを説く「諸行無常」観の根拠にもなっている。

ここで言われている〈我〉は、西洋哲学の〈実体〉に対応している。デカルトによれば実体とは

「存在するために他のいかなるものも必要とすることなく存在するもの」である（『哲学の原理』）。つまり、〈実体〉とはイデアとか形相とか本質とかといった絶対的なもの（必然的なもの）、現象の背後にあって、他と関係なく自体的に存在する真実在のことだ。つまり仏教の無我観は西欧的な実体的実在観を断乎として拒否している。無我観は超自然的＝形而上学的原理（神・絶対者）を要請しない仏教思想の特質をよく表現している。

この無我観はすでに見た縁起観と表裏の関係にある。いわば現象としての縁起を支える原理（根拠）を提供している。この世には自立＝自存している実在がないということは、一切のものが他に縁《よ》って生起しているということを意味する。たとえばAなるものはAの本体（不変・恒常の実体）があってAとして存在しているわけではなく、さまざまな原因と結果の結合連鎖によって現象しているにすぎない。存在するものはすべて相対＝依存関係のもとで生成・消滅する。縁起観は因果を固定的に、規制的に捉える実在論をしりぞける。言い換えれば縁起観は、相依相関関係を離れた、独立・自存する存在を考えることを迷妄とする徹底的な関係的実在論の主張にほかならない。

◆ナーガールジュナの言語思想

ナーガールジュナの縁起観＝空観が徹底的な言語批判から導き出されたことはよく知られている。

インドの大乗仏教は十二世紀までさまざまな部派の離合集散を目にした（ちなみに、ナーガールジュナが活躍したのは二世紀から三世紀にかけてだ）。インド仏教学の権威、梶山雄一の言葉を借りれば「一般的にいって、大乗思想の言葉の問題の扱い方はナーガールジュナの言葉の批判を基礎としていて、それから大きく逸れることはなかったと言ってよい」（『空の思想』）。

それでは、仏教の言語観を集約しているナーガールジュナの言語批判とは一体どういうものなのか。もう一度梶山の言葉を借りることにしよう。

　ナーガールジュナが、ものは空である、というのは、ものは本体をもたない、ということである。その場合の本体（自性 svabhāva）とはナーガールジュナの定義によれば、自立的で恒常不変で単一な実体である。しかも現実に存在するものはすべて多くの原因や条件によって生じ、他のものと相対的にのみ存在するのであって、決して自立的ではない。したがって無常であり、複合的なものであるから、恒常不変でも単一でもない。いいかえれば、本体とは事実の世界には決して見出されず、概念、あるいはその実体化としてのみありうるものである。すべてのものは本体の空なるものであり、言葉のさし示す本体を離脱している。このような考え方が、ものはすべて縁起したものであるから空である、という中観思想の基本的立場となっている。それはナーガールジュナの言葉の批判であるとともに、迷いの世界の根拠からの解脱をさし示すものであった。

（同書）

少々分かりにくいこの解説をわれわれなりに敷衍してみよう。

すべての誤った行為と考えの源泉は言語にほかならない。問題は、われわれ人間の認識活動に言語が深く関わっていることにある。われわれは概念を通して世界を見ているが、その概念そのものは言葉によって仮構されたものである。

言語には「本質」付与機能（カテゴリー化作用）がある。この世界は言葉によって分節化されている。「分節」articulationとは文字どおり節に分けることである。たとえば一本の竹が多くの部分（節）に分かたれているように。言語が関与する以前は世界はのっぺりとした白紙状態、ジョン・ロック言うところのtabula rasa（なにも書かれていない書き板）だ。こうした分節のない世界（事物）の表面に言語は区切り（節目）を入れる。

私たちを取り巻く世界は整然と整理された秩序あるものとして現象する。おのおのの事物はその意味と価値をもっている。言い換えればすべてのものが「本質」をもち存在している。事物が「本質」をもつということは「名前」（レッテル）をもつということだ。たとえば「机」は「本を読んだり、書き物をしたりするための家具」という本質（存在理由）があり、そういうものとして存在している。区切りの一つ一つに付けられた「名前」はほかの「名前」たちとさまざまな「関係」を取り結ぶ。かくしてカオス的無秩序だった世界は、言葉によって有意味化＝分節化されることになる。

要するに、概念とは言葉によって作り出された虚構にしかすぎない。しかしその虚構の概念はいつのまにか一人歩きしはじめる。そして実体的に存在するものと思いなされるようになる。つまり概念の実体化だ。「自我」「永遠」「不滅」「自性」「愛」「因縁」「時間」などの概念は言葉の仮構物にしかすぎない。実体化された概念が〈世界〉と〈われわれ〉とを知らないうちに隔ててしまう。概念としての言語が遮蔽物となる。「ありのままの」世界へ人が向かうのを阻んでいる元凶は言葉にほかならない。だから言語を捨てれば、言葉を否定すれば、世界に被せられていた虚構のベールが剝ぎ取られて、真の世界を見ることができる。そして言葉の虚構という色眼鏡を外してこの世界を直視すれば、この世界の本質は空だということが分かる。

空であるということは存在しないということではなくて、存在はするけれども実体的に存在しない、自立的に存在しないということである。実体的＝自立的に存在しないものを実体的＝自立的なものと錯視することが迷いなのだ。そのような空なるものに執着することが「苦」なのである。こうした世界の実相（空性）をしっかりと見とどけることができれば、この世界への執着（無明）は断ち切られ、悟りの境地に達することができる。「縁起とは空性である。」空を空ずる（否定する）ことが悟りなのである。

◆言語不信対ロゴス主義

ナーガールジュナの言語批判は究境において言葉を媒介とする認識活動の虚構性を問題にしてい

る。そしてその要諦は主著『中観』のなかの次のフレーズに要約されているだろう。

業と煩悩の滅尽より解脱がある。業と煩悩は思惟分別〔分析的認識〕から起る。それらは、戯《げ》論《ろん》〔言葉の虚構物〕より起こる。しかるに戯論は空の理解においては消滅する。〔訳文は中村元編『大乗仏典』による。ナーガルジュナの訳文については以下同様〕

こうしたナーガールジュナの言語不信は禅宗の「不立文字《ふりゅうもんじ》」の教えにも受け継がれてゆく。「文字を立てず」とは「文字を使わず」の意である。禅宗では言葉や文字による教導を避けて、座禅の修行を通じて悟りの境地を体得させる。ただ、ここで注意すべきは、言葉を敵視し、批判する仏教がその立ち位置にもかかわらず言語表現にも訴えることだ。それも遠慮してというのではない。積極的にといってもよいほどなのだ。それは膨大な教典が残されていることでも明らかである。「不立文字」を口にする禅ですら公案〔禅問答〕を悟道の判定に利用している。

こうした仏教の一見矛盾したスタンスはどう説明したらいいのだろうか。その説明にはいる前に、仏教とは対蹠点に位置する西洋文化のスタンスを見とどけておく必要がある。

われわれ日本人から見ると目につくヨーロッパ文化の特徴の一つにロゴス主義がある。ロゴス（logos）の語源は「拾い集める」を意味する動詞に由来する。ばらばらの事実を整理してまとめることから、理由、原因、秩序、根拠、算定などさまざまな意味をもつことになるが、われわれはロゴスということで次の四つの意味に焦点を合わせる。つまり「理法〔原理・原則〕」「理性」「言語」「論理」である。最初の三者の関係は、図式的にいえば世界の「原理」は人間の「理性」によって認識され、「言葉」でもって表現されるということになるだろう。そしてこの三者を下支えするのが「論理」である。

「理法」「理性」「言語」はお互いに深く関連しあっている。ロゴスはヨーロッパ文化においてさまざまな意味を付与されてきた。われわれのいうロゴス主義とは、この三者への揺るぎない信憑（信仰？）のことである。なかんずく言語への信憑である。ヨーロッパ思想・文化を支えている強力なドクサ（憶見）の一つに、言語は真理を表現しうる（はずだ）という発想を指摘することができる。つまりヨーロッパの人びとは根本において言葉の表現力に全幅の信頼を置いている。なんであれそれが表現するに値するものであるならば、言葉によって表現できないものはない（はずだ）と信じている。否、言葉にならないものは存在するに値しないものなのだ。言葉がすべてである。言葉の表現能力への信頼こそがヨーロッパ文化を衝き動かしてきたのだ。ヨーロッパ文化と言語の原像についてジョージ・スタイナーは次のように述べているが、けだし肯綮《こうけい》に当たっている。

> コトバの優越・言語的な論述によって語られ伝えられるものの優越、これこそは、ギリシア＝ユダヤ精神の特質であり、キリスト教に継承されるものである。ギリシア・ローマならびにキリスト教の世界感覚は、実在を言語の統制範囲のなかに置こうと努める。文学・哲学・神学・法律・歴史学は、人間経験の総和・その過去における記録・その現況・その未来の予測を、合

理的な言語による論述の領域に囲いこんでしまおうとする努力の現われなのである。ユスチニアヌスの法典・アクィナスの『神学大全』・中世文献にみる世界年代記や世界史提要のたぐい・『神曲』――これらは、言語による実在の全面的な封じこめの試みであり、およそいっさいの真理・真実なるもの――末端に位する、どうでも良い無価値な余白はともかくとして――は、言語の壁のなかに住まわせることができる、という信念の、荘厳なる証明といってよい。

（由良君美他訳『言語と沈黙』）

十八世紀以来のフランスに限っても、ディドロとダランベールが監修した『百科全書』、バルザックの《人間喜劇》、ゾラの《ルーゴン=マッカール叢書》、プルーストの『失われた時を求めて』、ジュール・ロマンの『善意の人びと』などをすぐに挙げることができる。こうした言葉の大伽藍を前にするとき、言葉を動員しさすれば全実在の真理と真実を言い当てることができるという発想が、ヨーロッパ文化を貫徹していたことがよく理解できる。脈々と深ぶかと底流していたこの傾向をわれわれは先ほど「ロゴス主義」と名付けたのである。

◆論理性と矛盾律

ウィトゲンシュタインは「およそ語りうるものについては明晰に語ることができ、語りえないものについては沈黙しなければならない」と明言した（『論理哲学論考』）。この発言はよく引合いに出されるが、一人歩きして誤解されてもいるようだ。この発言は言説一般（芸術、宗教、人文・社会科学などを）を視野におさめているわけではなく、ウィトゲンシュタイン自身は「語りうるもの」を真偽を判定できる有意義な命題（自然科学の言説）と厳密に取っていた。『論理哲学論考』の末尾近くに次のような文章が読める。「語りうること以外はなにも語らぬこと。自然科学の命題以外はなにも語らぬこと。」しかしそう窮屈に考える必要はないだろう。ここではもう少しゆるく解して、西欧的ロゴスが対象とする「論証的」言説と取っておく。ロゴスは「明晰に語る」ことを要求する。「明晰に」とは「論理的」あるいは「必然的」と言い換えることもできる。論理的＝必然的とはあくまでもロゴスが要請したものである。ナーガールジュナではないが、論理的とか必然的とかという概念はもともと言語の所産である。人間が言葉によって考えだし、区別した概念（言語的仮構物）である。すでに指摘したことだが、人間が作り出したものについては「真偽」を語ることができる。必然的な原理に由来するものは「真」であり、そうでないものは偶然的であり、「偽」である。論理は真と偽の「二値性」を原理とする。そこでは「矛盾律」という「思考の原理」が重要な役目を果たしている。

矛盾律とはふつう次のように定義されている。

（1）　AはAであるとともに、非Aであることはできない。

（2）　Aは非Aでない。

図8を参照しながら(1)と(2)を読めば矛盾律は同一律（「AはAである」）の別表現であることが分かる。

矛盾律（同一律）が守られないとわれわれの思考の統一性（一貫性）が維持されなくなる。ある対象がいったんAとされたらそのAは同一の話題（議論領域）では常に同じ意味をもたなければならないし、同じ対象を指さなければならない。一つの議論領域では同じものがいつも同じものを意味することによって、初めて思考の一貫性が保証される。別言すれば矛盾律とは「一つの命題は真であるとともに偽であることはできない」「ある一つの対象を肯定すると同時に否定することはできない」ということだ。「矛盾律」と呼び習わされているが、「命題には矛盾があってはならない」ということを要求しているのであるから、正しくは「無矛盾律」と呼ばれてしかるべき規則である。

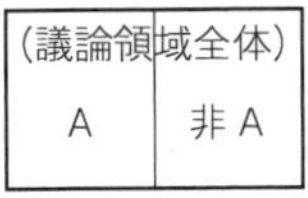

図8

「矛盾」は排除しなければならない。それはロゴスの「論理」である。先ほど引いた文章のなかでスタイナーはヨーロッパ文化の原像を「言語による実在の全面的な封じこめの試み」と析出したが、それはあくまでも西欧的ロゴスの通用する範囲内での話である。西欧的ロゴスが無効な対象については「沈黙しなければならない」のだ。それはあくまでも西欧の言い分だろう。東洋には、日本には別の言い分があるからだ。語りえないものについても、人は語らなければならないことがある。

◆マクロの視点とミクロの視点

言語に信頼するヨーロッパ文化と言語不信の仏教思想――この鮮やかな対照はいったい何を意味しているのだろうか。いったい何故なのだろうか。もちろんさまざまな理由が考えられるが、その一つに「分析」をめぐる彼我の立ち位置の違いが挙げられるだろう。すでに見たようにナーガールジュナの言語批判は言語の虚構性を根拠にしているが、換言すればその論点は認識活動（知性）の「分析」である（われわれの説明では「分節」）。ナーガールジュナは分析することが諸悪の根源だと主張したのだ。「分析」は仏教用語では「分別《ふんべつ》」といわれる。意味するところは、要するに「分ける」ということだ。日常的用法では良い意味で使われるが、仏教用語としては煩悩の基になる誤った認識作用を意味する。悟りとは分別を超越した「智」＝「無分別智」に到達することだ。この問題に関連して、滞米経験の長い仏教哲学者、鈴木大拙《だいせつ》が面白いことを言っている。

分割は知性の性格である。まず主と客とをわける。われと人、自分と世界、心と物、天と地、陰と陽、など、すべて分けることが知性である。主客の分別をつけないと、知識が成立せぬ。知るものと知られるもの――この二元性からわれらの知識が出てきて、それから次へ次へと発展してゆく。哲学も科学も、なにもかも、これから出る。個の世界、多の世界を見てゆくのが、西洋思想の特徴である。（『東洋的な見方』）

西洋は「分ける」文化、仏教は「包む」文化と言えるかもしれない。分析をめぐる彼我のスタンスの違いは因果連関に対する両者のスタンスの違いを想い起こさせる。「必要十分原因」に固執する近代科学は真の原因を究明すべく仮説や観察や実験を駆使して自然を分析する。「必要条件としての原因」に満足する仏教は偶然を容認する縁起観にたどりつく。ここには対自然をめぐる視点の違いがはっきりと示されている。マクロの視点とミクロの視点である。

すでに指摘したことだが、因果性という作業仮説は自然の解明には強力な武器となった。因果性という作業仮説は主観（われ）から切り離され、客体化された自然（物質的世界）を腑分けするためのメスとして案出された概念装置にほかならない。ブンゲが示唆するように、複雑な対象のメカニズムを解明するためには単純化したモデルのほうが有効である。あのデカルトも自分の確実な四つの「方法」のなかに「分析」と「単純化」を挙げている。

第二、私が吟味する問題のおのおのを、できるかぎり多くの、しかもその問題を最もよく解くために必要なだけの数の、小部分に分かつこと。

第三、私の思想を順序に従って導くこと。最も単純で最も認識しやすいものからはじめて、少しずつ、いわば階段を踏んで、最も複雑なものの認識までのぼってゆき、かつ自然のままでは前後の順序をもたぬものの間にさえも順序を想定して進むこと。

（野田又夫訳『方法序説』）

　とかく忘れがちであるが、近代科学は古代ギリシアの哲学の伝統を確実に継承している。その伝統によれば哲学のスタンスとは世界から身を引いて世界を「見ること」「観想すること」（テオリア）であった。主体（われ）と客体世界（自然）の関係が切れていなければ、「見ること」はできない。しっかりと見るためには「距離」が必要だ。偶然の認識について述べたことが、ここでも当てはまる。対象を真に認識するためには身を引くこと、距離を置くことが必要だ。「マクロの視点」が科学的思考をはぐくむ。

「分ける」（分析する）ということは「あれかこれか」である。真か偽か決めることである。自然的現象や物理的現象という「物の世界」を解明するためには、「分ける」必要がある。分析的な手法で「因果性」を追求することが効果的である。この事実を否定することはできない。問題は因果性という作業仮説を絶対視することだろう。その分をわきまえずに有効範囲を逸脱して、拡大適用してしまうことだ。この世界には「分けること」ができないものがある。一義的には説明できないものがある。それは人事が関わってくる世界の場合だ。人間（私）が問題になるとき、物事は客観的に見ることが難しくなる。その時である、縁起的な考え方に注目しなければならないのは。

◆縁起観の見直し

仏教は縁起から空観を導き出した。縁起観と空観はいつもセットであるが、縁起という考え方はもっと汎用性が高いのではないか。この際、空観と切り離して縁起を捉え直し、その積極的意味、その現代的意味を引き出したいと思う。

いま縁起の汎用性を口にしたが、見方を変えれば縁起は因果性を包摂する広い概念ともいえる。因果は縁起の特殊なケースと考えられないことはない。つまり、縁起の網の目を一本の線として一方向的にたどるのが因果性である。因果的に物事を考えるということは、対象を一義的に解釈するということだ。これに対して縁起的に物事を考えるということは、対象を一義的に割り切らないファジーなスタンスをとることだ。

たとえばスイッチを押すと電灯が点くという平凡な因果連関を考えてみる（以下の記述には単純化がある）。スイッチを押せばいつも電灯が点灯すると考えるのは「因果的な」物の見方だ。スイッチを押しても電灯が点灯しない場合があると考えるのは「縁起的な」物の見方だ。スイッチと電灯のいずれかが不良であれば、むろんスイッチを押しても電灯は点かない。スイッチと電灯をつなぐコードも問題になる。電気を供給する電力会社など他にももろもろの〈因〉と〈縁〉を考慮しなければならない。要するに、因果的発想は「あれかこれか」であり、縁起的発想は「あれもこれも」である。

縁起観は偶然性を許容する概念装置ということになる。偶然と必然が絡み合いながら物事は運んでいく。必然だけでは物事は説明できない。偶然も大いに考慮する必要がある。こんなふうに考えると、縁起は「やわらかな」論理を提起していることが分かる。縁起は西洋的な必然主義ではなくて、偶然を認めるスタンスである。ただ、その認め方は消極的である。偶然が人事に介入してくることを諦めの気持ちで受け容れる。無常は偶然のバリエーションでしかない。この縁起の消極的スタンスをわれわれは肯定的にシフトする。そこに積極的な意味を見いだす。そして、それを「容」偶然主義と呼ぶことにする。この新造語は政治の場面で使われる「容共」「容共主義」にならって作ったが、「容」(pro-)には蔑称的＝消極的ニュアンスは籠めていない。まったくその逆で、偶然的なものを肯定的＝積極的に受け「容れる」という意味合いである。

◆「容」偶然主義とは

「容」偶然主義は必然主義とどういう関係にあるのか。ここで「必然性」の定義を思い出せば、必然性とはその存在の根拠をみずからの内に持つありかた、つまり内発的な固有な根拠に基づくありかたということであった。この定義に照らせば、必然主義とは「みずからの固有の原理・原則をかかげてその原理・原則にのっとり物事を判断し行動する行き方」ということになる。具体的にはたとえば保守主義、伝統主義、権威主義がこれに当たる。いってみれば必然主義は自己中心主義である。

では、偶然主義とはどういう関係に立つのか。偶然主義とは物事の流れのままに身をまかせる、行き当たりばったりの行き方である。「容」偶然主義はそれとは一線も二線も画す。必然主義とは異なり、「容」偶然主義は「他者」を視野に入れる。ここで、すでに何度か紹介したアリストテレスとヘーゲルの偶然性の定義を想い起こそう。アリストテレスによれば偶然とは「他なる物事のゆえに生起し存在した」ものであり、ヘーゲルによれば「根拠を、自分自身のうちにではなく、他のもののうちに持っているもの」である。偶然性とはみずからの存在根拠を他者に依存する在り方である。アリストテレスもヘーゲルもこの偶然性のありかたに対して消極的な判断をくだしている。この点に関しては九鬼周造の判断が鋭い。九鬼は言う。「偶然性の根源的意味は、一者としての必然性に対する他者の措定といふことである」(『偶然性の問題』)。九鬼はこれで能事足れりとしているが、本当の問題はその先にある。「他者」をどう位置づけるかである。「他者」の比重が重くなれば依存度が高まる。その極点が全面的依存、つまり「あなた任せ」だ。先ほどの偶然主義がこれにあたる。それを避けるには多義的な偶然を的確に読み解く必要がある。

「容」偶然主義は多義的な偶然性に大きく開かれている。偶然に期待し、偶然を待ち構える。そして、自分にとって好ましい偶然なら積極的に受け容れる。「容」偶然主義はプラグマティズムである。外から来る他者(偶然)を是々非々で受け容れるしなやかなスタンスである。「他者の措定」は新しい世界へ回路を開くことにほかならない。

たとえば日本の歴史に例を探せば、奈良・平安時代の時代の中国文化の受容や、幕末から明治にかけての西洋文化の受容には日本文化の基層にある、プラグマティックな「容」偶然主義がよく示されている(異文化受容の詳しい考察は第6章に待つ)。

「容」偶然主義は偶然主義と必然主義の「あわい」に位置する。「あわい」とは「中間」ではない。「偶然でもなく、必然でもない」ある地点のことだ。図示すれば図9のようになるだろうか。

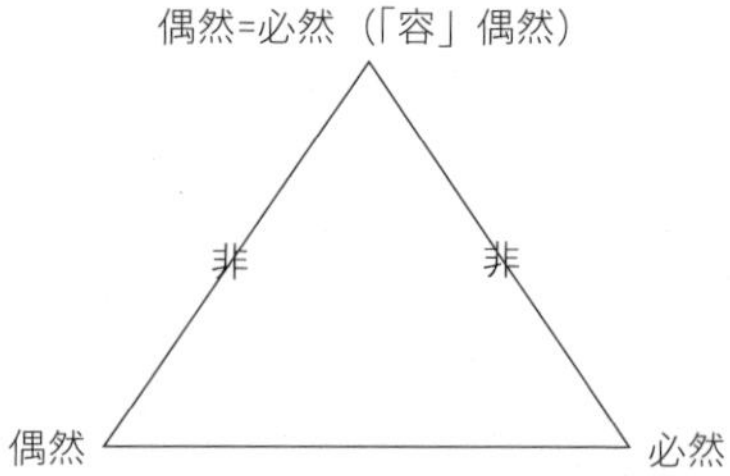

図9

◆ロゴスとレンマ

縁起観を読み替える作業を通じて、われわれは「容」偶然主義を提起した。因果性のロゴスが「あれかこれか」の「二値性」の原理であるとすれば、「容」偶然主義のロゴスは「あれもこれも」の「多義性」の原理である。重ねて言うが、われわれは西洋的ロゴスを否定しているわけではない。その限界をきちんと見とどけるべきだと主張しているだけだ。ロゴスの論理では肉薄しえない世界があるはずだと考えているだけだ。いま私の念頭にあるのは仏教学でいうところの二諦《にたい》（二つの真理）である。

二諦とは「勝義諦《しょうぎたい》」と「世俗諦」である。勝義諦は言語を超えた、深遠な最高の真理のことであり、世俗諦とは世間一般に通用する世俗的真理のことである。ところが、すでに見とどけたように仏教は言語こそ迷い（煩悩）の元凶と槍玉に挙げているので、ジレンマに追い込まれることになる。なぜなら言語表現を超えた真理を言語で表現する必要があるからだ（本当をいえば勝義諦は体験的にしかたどりつけない境位なのだが）。この難問に精力的に取り組んだのが、すでにおなじみのナーガールジュナであった。

ナーガールジュナの言語批判についてはすでに見たが、ここでの彼は言語表現の限界を前にしているのだ。そして彼の敢行したことは図らずも西洋思想への挑戦となっていた。話を分かりやすくするために対西洋という視点からナーガールジュナの立ち位置をまとめてみると次のようになるだろう。

西洋思想を貫徹しているのはロゴスの論理である。ロゴスの原理は二値的で、矛盾律と排中律の支配を受けている。西洋的判断は「あれかこれか」である。矛盾律と排中律を受け容れる西洋哲学は日常的＝世俗的認識（世俗締）にとどまらざるをえず、本当の意味での「真理」（勝義締）に到達することはできない。西洋哲学の限界を突破するためには、とりわけ矛盾律の呪縛を断ち切らなければならない。それにはどうすればいいのか。言語の極限的な使用によって言語表現の無効性を暴き出すことだ。そこで問題になるのが、ナーガールジュナが駆使する独特な論証、テトラレンマ（四段論法）である。テトラレンマは矛盾律＝同一律に挑戦する「直観的認識」にほかならない。

幸いなことに、山内得立《やまうちとくりゅう》が『ロゴスとレンマ』でテトラレンマについて詳しく取り上げているので、その所説に寄りかかりながら論を進めたい。

◆テトラレンマとは

テトラレンマの標準型は記号を使って整理すれば次のようになる。

［1］ P（是＝肯定）
［2］ 非P（非＝否定）
［3］ Pかつ非P（両是）
［4］ 非Pかつ非非P（両非）

なんだかややこしそうな推論＝論証であるが、まずはテトラレンマがどんなふうに使われるか、ナーガールジュナの挙例を見ることにしよう。

（1） 一切は真実である〔肯定〕。
（2） また真実でない〔否定〕。
（3） また真実であって真実でない〔両是〕。
（4） また不真実でないのでもなく真実でもない〔両非〕。これが諸仏の教えである。（18・8）

このような主張はどう受けとめたらいいのだろうか。大方の人ははぐらかされたような、煙に巻かれたような気持ちになるだろう。それは「ある一つの対象を肯定すると同時に否定することはできない」という「矛盾律」に抵触しているからである。(1)(2)と(3)(4)の間には明らかに断層、あるいは飛躍がある。(3)と(4)の主張は明らかに矛盾的表現である。それにまた、普通の形式論理に従えば「非非P＝P」であるから(3)と(4)は同じことを言っていることになる。なぜ「同じ」主張を繰り返すのか。また、「4」→「3」ではなくてなぜこの順序なのか。まあ、分からないことだらけである。

しかしながら(3)とか(4)のような表現は日常的な場面で確かに稀ではあるけれども、出会わないというわけではない。たとえば次のような発言。

(5)　あの男は人間であって人間でない。
(6)　あたしはあなたのことを愛しているし、愛していないのよ。

(5)と(6)はたとえば普通の表現「あの男は卑劣だ、残酷だ」「あたしはあなたのことを少しは愛している」「わたしはあなたのことを愛していないわけではない」とは明らかに違った意味を表している。不確定さが醸しだす表現効果である。しかもこの種の逆説表現はなかなかインパクトが強い。もっとも、不確定さは「両非」のタイプにも感じられるが、その効果は微妙に違うように思われる。たとえば高齢の大物政治家と新聞記者との対話。

――あなたは次の選挙に立候補されるのですか。

――ふーむ、立候補するのでもないし、そうかといって立候補しないのでもないな。

この政治家の発言は「立候補するし、立候補しない」といった「矛盾する」事態に還元することはできない。形式論理的には二重否定は出発点の肯定表現に戻るが、微妙なニュアンスを帯びることがある。しかし、この両非の矛盾的二重否定はもっと深い意味がこめられている。この曖昧な答弁はなにを暗示しているのか。この政治家の「態度保留」の表明である。「両非」は結論を回避する。宙吊りにする。もっと一般的に云えば、「両非」は「真偽不定」を表現している。この「真偽不定」はさまざまな意味をただよわせる。

三句の逆説表現、四句の矛盾的二重否定表現は矛盾律の原理――Aと非Aの対立――を超えた議論領域の存在を指し示している。両者とも元の命題に「ある意味」を付加するのだ。消極的な、あるいは積極的な「ある意味」を。ただし、両非の矛盾的二重否定表現と両是の逆説表現は微妙な違いを示している（本当に微妙な違いなのだが）。そこにそれぞれ独自の役割を見る必要があるだろう。両非はどちらかというと相手の主張を斥けるのに向いており、両是は自分の主張を提起するのに向いている。したがって、テトラレンマによって自分の主張を提案したいときには両是を、相手の主張を反駁したいときには両非を四句におくのが効果的だろう。通説に異を唱えて山内は両是と両非の順序を問題にしたが、それなりに正しかったわけである。ただ惜しむらくは、通説の順序を認知しなかった点である。

ナーガールジュナは「すべてのものの空しさ」を主張するためにテトラレンマを「反駁」の武器にして、すべての命題を「真偽不定」（無記）に追い込んだ。たとえば、

（7）諸仏によって、我がある〔肯定〕とも仮説せられ、また無我である〔否定〕とも教えられた。

またいかなる我もなく無我もない〔両非〕とも説かれた。（18・6）

このテトラレンマではナーガールジュナは自分を仏陀に重ねて発言しているが、両是が欠落している。しかし「真偽不定」が問題なのだから両是は必要ないとしたのだろう。（7）のテトラレンマは、「ないとも、なくはないとも」いえる類いの問題であり、こういった不毛な議論に煩わされることの無意味さを助言していると読める。

◆レンマの情理

だがなぜ両非の矛盾的二重否定表現、両是の逆説表現なのか。それはテトラレンマが縁起の論理を体現しているからだ。ナーガールジュナは『中観』の劈頭で縁起について「滅することなく、生ずることなく、断絶にあらず、常住にあらず、一義にあらず、多義にあらず、来ることなく、去る

ことなき」と説明している。ご覧のとおりテトラレンマが問題にしているのは、客観的な形式論理が通用する対象ではないのだ。そこでは「直観的認識」（レンマ）が主導的な役割を果たしている。因果の関係がロゴスの論理であるとすれば、縁起の関係はレンマの情理である。そこには人間の欲望、願望、意志、感情が絡んでいる。物理的な因果連関だけでなく、それを受け容れる人間の心の動きも大切である。内面的な反応も外界の因果連関にフィードバックされる。縁起の関係とは人間の主観性（内的なもの）と世界の客観性（外的なもの）が切り結ぶ相依相関性である（第1章で紹介した南方熊楠の「縁」についての考えを想起せよ）。山内の言を借りれば、「因果は必然的な関係であるが、縁起は偶然性をも包括する。因果は論理的客観的法則であるが縁起は情理的主体的な理法である」（前掲書）。パスカルが道破したように「われわれが真理を知るのは、理性によるだけでなく、また心情によってである」（『パンセ』）。

人間の実存が問題になるとき「あれかこれか」と決めつけることができない場合がある。そのとき、二値性の原理は通用しなくなる。「あれもこれも」あるいは「中」を問題とせざるをえなくなる。山内の言うようにテトラレンマは「容中律」を提起している（強調引用者）。「中」――これがまさしく問題なのだ。「中とは二つのものの間にあるものでなく、それらのものを共に否定するところに見出される。」山内が通説に反してなぜ三句と四句を入れ替えたのか、その真意がここにきてようやく諒解される（図10参照。前出の偶然／必然の図示と重なることに注意）。

「中」の定立――この役目を引き受けるのが「両非」にほかならない。「肯定を否定する」と「否定を否定する」という二つの作業が同時に遂行される。ここに見られる否定は通常の相対否定ではなくて絶対否定である。相対が否定されて絶対が現出するが、その絶対も否定されて「相待」が招来されることになる。「相待」の関係は「相手を待ち、相手に待たれること」である。まさしく縁起の関係である。山内の見る三句の「両非」(逆説)によって縁起(相待)の世界が開かれる。そこでは「異なるもの」が対立するのではなく、「異なるもの」が異なるまま(非)で、一つのもの(即)として相待することになる。

テトラレンマは矛盾的な逆説表現によって「世俗諦」を否定して、「勝義諦」を暗示している。言語の極限的な使用による自覚＝悟りの論理の強行なのだ。概念(言語)の矛盾性・無効性を通じての「真理」の告知なのである。ずばり言えば、悟りとは無意識の深層＝真相の意識化にほかならない。無意識の声(真理)に耳を傾けることにほかならない。レンマは言葉を介さない「直観」にほかならない。レンマが捉えたものは「語りえないもの」である。「暗黙知」を提唱した科学哲学者マイケル・ポラニーが主張するように「我々は語ることができるより多くのことを知ることができる」のだ(佐藤敬三訳『暗黙知の次元』)。このあたりの説明は分かりにくいと思うが(書いている本人がそのことをいちばん承知していて、実にもどかしい)、イメージ化すれば次ページの図11のようになるだろう

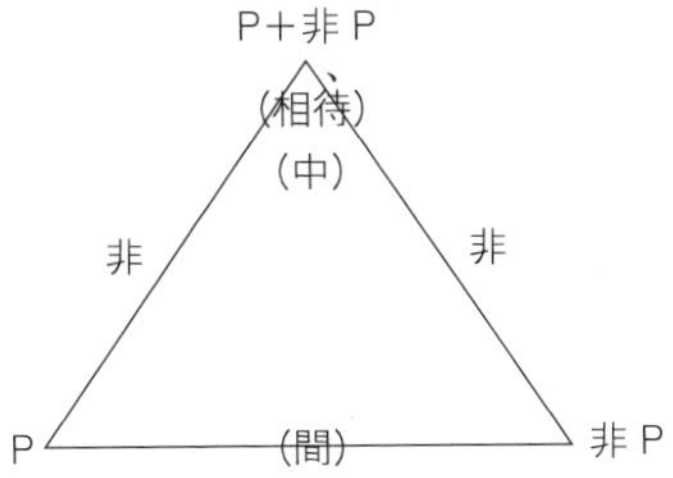

図10

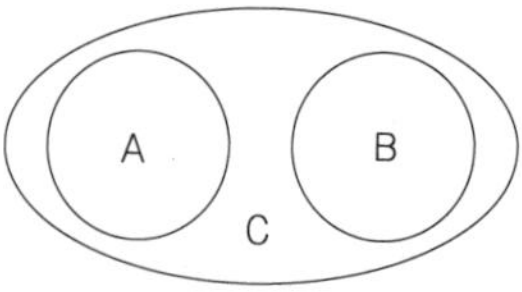

図11

か。

AとBは「論理的」にはつながらない。日常的論理ではつながらない両者を関連づけるものは楕円形Cのレンマの情理（無意識）である。もちろん、AとBの関係はまったくのでたらめではない。AでもないしBでもないものとしてのC（両非）が両者を包み込む（両是）。仕切りの決まったスーツケース（論理）だとうまく収まらないものが、融通無碍な風呂敷（情理）だとなんなく収まってしまうように。そう、レンマの情理は風呂敷のように異質なものも包み込んでしまうのである。

レンマの情理は、ヨーロッパ流の必然的推理とは異質な偶然的推理にほかならない。それは直観、感性、感情、情緒、ムード、願望、欲望など、さまざまな「情的」ファクターが絡んでいる、名状しがたい判断・推理のプロセスである。たとえば。

古池や蛙飛び込む水の音（芭蕉）

柿食へば鐘が鳴るなり法隆寺（子規）

「古池」と「蛙飛び込む水の音」は本来なんの関係もない。この二つの事象を結びつけるのは「偶然」である。「柿を食べること」と「法隆寺の鐘の音」の関係も同様である。この両句には一見なんの関係もない因果連関がふと目睹されている。しかしながら、もしこの両句になにがしかの

「ゆかしさ」「おもしろさ」を感じるとれるとしたら、そこに働いているのはロゴスの論理ではない。間違いなくレンマの情理である。

◆即非の論理

「逆説」と「両是」に的を絞ってテトラレンマを凝縮したものが「般若即非の論理」である。この論理は『金剛経』に見られる独特な論理のことで、鈴木大拙が『日本的霊性』「金剛経の禅」のなかでその重要性を指摘した。簡潔に公式化すれば「AはAでないからAである」ということだ。「即非」の論理もまた西洋の形式論理学の同一律に対立する。この論理は「AはAでない」という前段ではたしかに矛盾を犯しているが、後段では「Aである」といっているのだから、結局は「AはAである」と主張していることになる。なぜストレートに「AはAである」と言わないのか。それは、「即非の論理」が自己否定を媒介とする自覚の論理であるからだ。分別知（常識＝西洋的分析的認識）を否定して、分別知以前の状態、「無分別の分別」をめざすからである。

テトラレンマを知るわれわれの目から見ると、明らかに「即非の論理」はテトラレンマの圧縮版である。「即非の論理」は否定（非）を媒介とする肯定（なり）の論理を表していると解してよいならば、形式的には「非即の論理」と呼ぶべきだろう。なぜなら「即非の論理」をテトラレンマで書き直せば次のようになるからだ。

①AはAである（是）
②AはAでない（非）
③AはAであるのでもなく、Aでないのでもない（両非）
④AはAでなく、Aである（両是）

②から③、まさにここに分別から無分別智を分かつ自覚がある。①②の空を③が空じて（否定して）いるのだ。そして④が「無分別の分別」（悟り）だ。「即非の論理」はテトラレンマの結論だけを逆説で表現したものである。

レンマは言葉を介さない「直観的認識」である。レンマが捉えたものは「語りえないもの」である。だが、その「語りえないもの」を言葉で語らなければならないとき、人はどう振る舞ったらいいのだろうか。そのとき、人は言葉に窮する。言葉と格闘する。そして、詩的言語や矛盾的表現、逆説表現に訴える（この問題は次章で主題的に取り上げる）。テトラレンマ（四段論法）の二句から三句への「飛躍」（断絶）を翻訳する言語が「非論理的」であるのは、いわば当然の成り行きだろう。レンマの情理は非論理である。「語りえないもの」を語ろうとすれば、その表現は逆説的、あるいは矛盾的たらざるをえないだろう。あらためて言う。語りえないものについても、人は語らなければならないことがある。それがレンマの情理である。

◆偶然と必然のダイナミックス

偶然と必然の関係もまたレンマの情理が認められる。

偶然と必然についてはすでに紹介したようにエンゲルスが「この二つの思考規定以上に鋭く矛盾し得るものが何かあるだろうか？」と発言したことからも分かるように、一般的には矛盾的概念と考えられている。しかしながらエンゲルスはヘーゲルのなかにこうした二項対立的必然／偶然観を乗り越える新しい考え方を見いだす。

これら両見解〔偶然と必然を対立的に捉える通念と偶然を否定する決定論〕に対立してヘーゲルはこれまで全く聞いたこともない次の諸命題をもって立ち現われる。すなわち、偶然的なものはそれが偶然的なるが故に一つの根拠を持ち、しかもそれが偶然的なるが故に同じくまた何等の根拠をも有さない。偶然的なものは必然的であり、必然性は自分自身を偶然性として規定し、また他面この偶然性はむしろ絶対的な必然性である、と。（田辺振太郎訳『自然の弁証法』）

矛盾・対立を通しての必然性の自己実現――ロゴスの論理に従って偶然と必然のダイナミックスを表現すればこういう「緊張的な」ものにならざるをえないのだろう。レンマ（縁起）の論理に依拠して、われわれの偶然＝必然観を定式化すれば、次のようになる。

「必然である。偶然である。必然でもないし、偶然でもない。必然にして偶然である」。

同じことを即非の論理で表現すれば「必然は偶然であるからこそ必然である。偶然は必然であるからこそ偶然である」となるだろう。

偶然と必然は相対立し、お互いに敵対しあうものではなくて、相手を迎え相手に待たれる、「持ちつ持たれる」関係である。偶然と必然の関係は「相待」的である。

偶然と必然を結ぶのはやわらかな論理である。

第3章

日本的無常と『徒然草』

◆西洋哲学と東洋思想

西洋哲学が偶然性を敵視し、排除しようとしたことについてはすでに何度も確認した。東洋思想（仏教）で偶然に相当する位置を占めるマイナス概念はなんだろうか。おそらく「無常」ではないだろうか。「諸行無常」といわれるように無常とは、この世の中に存在するすべてのものは常に生《しょう》滅《めっ》・流転して、永遠・不変のものはないという認識である。特に「生」のはかなさについて言われる。無常は「生」を「苦」たらしめるものとして問題化した。

すでに指摘したように、西洋哲学の淵源には世界を前にして「それは何であるか」「それは何故であるか」という問いがあった。ここでは世界の本質・原理が問われている。西洋哲学はすぐれて形而上学的である。それにひきかえ、東洋思想（仏教）には何故という問いが決定的に欠落している。この「生」は「無常」である、「苦」に満ちているという詠嘆・慨嘆は確かにある。しかしながら、その原因を求めて世界に向かおうとする姿勢はほとんど見られない。むしろその原因は自己（われ）の側に求められる。

仏教の問題はすべて「生」をめぐって提起され、その「生」と向き合う「自己」の在り方が考究される。なぜ「生」は無常なのかという「懐疑」はなく、無常な「生」という現実がそのまま受け容れられている。老も病も死も生におのずと伴う苦として認識される。問題は「なぜ」無常になったかではなくて「いかにしたら」無常から逃れられるかである。

無常でないもの、永遠で不変なものがあれば、それを求めればいいはずだが、そのようなものはこの世に存在するのか。人は誰しも、自分の所有するもの、あるいは関わるものが恒常不変であることを願う。愛する人、大切な物、財産、建物などは時が来れば必ず消滅する。また、人は誰しも永世を願い、健康でありつづけること、不老不死を願うが、老病死は避けがたい。そもそもこの世に自立的で永遠なもの（実体）は存在するのか。むしろそういったものがあるとし、それに執着・愛着すること（我執）にこそ迷い（煩悩）の原因がある。無常の認識は人間の欲望とその結果の齟齬に起因する。無常は主観的な認識であり、誤った判断（迷い）の結果である。要するに、無い物ねだりの結果であり、自業自得である。

右の事態は言い換えれば、次のようになるだろう。快を求めることに「よって」欲求が起こる。欲求に「よって」執着が起こる。執着に「よって」苦が起こる。ここには生起の関係が目撃されている。この生起の関係を逆に見て消滅の関係に読み替えるとき、縁起観（空観）の教えが生まれる。人は縁起の法則が支配する世界に住みながら「常」を欲するが故に「無常」が説かれる。「楽」を欲するが故に「苦」が説かれる。「我」を欲するが故に「無我」が説かれる。

インドの仏教においては、「無常」は人間存在に関わる対象についてのみ言われることに改めて注意を喚起しておきたい。

◆無常と偶然を分かつもの

無常観と縁起観は裏表の関係にある。

すでに前章で詳説したように、縁起観の要諦は諸存在の他者依存性（相待性）にあった。前に紹介したようにアリストテレスによれば偶然的存在とは「他なる物事のゆえに生起し存在した」ものであり、ヘーゲルによれば「根拠を、自分自身のうちにではなく、他のもののうちに持っているもの」である。偶然性とはみずからの存在の根拠（原因）を他者に依存するありようである。してみれば〈無常〉と〈偶然〉は同じ事態を指《ゆび》さしていることになるのだろうか。

無常と偶然を分かつのは、同じ事態のどこに注目するかだ。視点の違いである。無常は存在の消滅に注目し、偶然は存在の出現に注目する。偶然は「今・ここ」の瞬間を問題にする。それに対して無常は偶然の連鎖としての終わりを問題にする。西洋的偶然は誕生を呪い、東洋的無常は死を呪う。無常は必然的な「死の到来」の偶然性に関心を集中する。いつ襲ってくるかもしれない死に対する怖れ。端的に、無常は滅びることの「苦」に対する不安・恐怖である。

ところで、第1章の「必然性と偶然性の本質」という節で偶然性の要件として次の三つを挙げておいた。

（1）　稀少性

（2）　多義性

（3）　瞬間性

（3）は付則だが、と断った上で「偶然のバリエーションである〈無常〉では重要なファクターになる」と注意を喚起しておいた。無常観は時間と深く関わる観念である。無常とはこの世の森羅万象が時間的経過につれて常住不変ではなくて、生滅転変することをいう。この世の存在の時間に伴う変化（生滅）を問題にする。そして、「生起したものはすべて消滅するものである」と断案する。無常観は時間的相から見れば「迅速性」であり、空間的相から見れば「仮象性」である。この世のものはすべて仮の姿であり、あわただしく去っていく（諸行無常）。いっさいのものには確かな根拠がなく、空しい（諸法無我）。別離、死、没落、栄枯盛衰、生者必滅——無常観は喪失の詠嘆である。

無常は存在するものの「存在」（有）よりは「消滅」（無）を問う。西洋哲学が問題にした「偶然」が現れ出ることの「稀少性」にこだわったとすれば、東洋思想は「無常」の「瞬間性」に注目する。言い換えれば偶然は「今・ここ」の空間性における驚きの情であり、無常は未来を先取りした時間性において把捉された「どうせ」「しょせん」の諦め・絶望である。この「どうせ」「しょせん」の認識は「いっそ」あるいは「せめて」に衝き動かされた行動へと通じる。この両者の関係についてはいずれ問題にしたい（この問題に関する詳細は竹内整一『「はかなさ」と日本人』を参照のこと）。

◆日本的無常観

仏教を生んだインド文化は知的＝形而上学的であり、禅を生んだ中国文化は行的＝実践的であるとはよく言われれることだ。それに対して日本文化は情的＝直感的である。あるいは物（自然）に即した文化、芸術的文化ともいわれる。こういった文化風土において、無常観はいかなる変質をこうむることになるのか。

繰り返しになるがあらためて確認すれば、インド仏教において無常とは次のような事態を指した。つまり、この世のすべての存在は〈はかなさ〉をその本質として、生滅・消滅する定めを刻印されている。人間もまたその定めを逃れることはできない。人間（私）は縁起の網の目の結節点に結ばれたはかない存在である。というよりか、縁起の連鎖の中心は常に人間（私）である。縁起の連鎖の先には老・病・死が身を潜めて待ちぶせている。人間のあらゆる「苦」の元凶は無常にほかならない。心の平安（悟り）に達するためには無常の現実を否定し、それから自由になる必要がある。「我執を捨てること」、「煩悩を断ち切ること」だ。ぜひとも「無我」（悟り）の境地にたどり着くことが求められる。無常の現実に囚われるのではなくて、無常の現実に働きかけて意志的＝理知的に乗り越えなければならない。みずから努めて安心立命を獲得することだ。自力悟道である。無常はすぐれて倫理的＝実践的問題として受けとめられる。これがインド仏教における無常の理解である。

◆「もののあわれ」から「浮世」へ

ところがこの、すぐれて倫理的＝実践的教説が日本に持ち込まれると著しい変質をこうむる。似て非なる美学に化けてしまう。その変質のプロセスを概観しておこう。

仏教が国家主導で精力的に受容されたのは六世紀末から八世紀中葉の飛鳥時代・奈良時代であるが、この時期（特に飛鳥時代）は古代における「文明開化」の時代と言える。大陸の立派な統一国家（隋・唐）にならって大和朝廷は「近代化」を急いだのだ。政治制度と並んで仏教も取り入れられたが、その目的は必ずしも本来の宗教的なもの（魂の救済）だけではなくて、現世利益（護国、豊饒、病気治癒、戦勝など）が期待された。戦国時代のキリスト教の場合も現世利益としてのキリスト教という側面が強い。民衆が注目したのは医療などの実用的技術であった。戦国大名たちが興味を示したのはキリスト教に付随する銃や火薬、交易であった。仏教にしてもキリスト教にしてもその深遠な教義に対する関心は薄い。キリスト教はけっきょく根づかなかったが、仏教は別の展開を示した（キリスト教の問題については第6章で触れる）。

仏教思想のなかでも日本人の精神にもっとも大きな影響を及ぼしたのは無常観だった。しかしそれは、そっくりそのまま受容されたわけではない。むろん、一般に異国のものが取り入れられる際、変容がないほうがむしろ考えにくいが、この場合はその変容がきわだっている。大きく日本的なバイアスがかかる。すでに縷々述べたように仏教の無常はマイナスの価値を帯び、あくまでも克服されるべき対象であった。厭うべき事態であった。だからこそ、苦の対象として慨歎されるだけでなく、知的＝理性的に分析され深められ、ついには空観という深遠な哲理にまで高められることになった。また、無常の問題はあくまでも個として生きる主体の実存に関わる問題であった。

これに対して、日本に受容され発展した無常観においては、無常は必ずしも超克すべき対象とは見なされなかった。なるほど出家や隠遁の動機となった場合はある。しかし、その場合でも超克よりも無常と折り合いをつけて生きることが問題にされた。それだけではない。さらには無常を味わい、楽しむ境地へと傾いていった。言い換えれば、知的＝理性的な追究は重視されず、感覚的＝情意的な把握が中心だった。「無常観」ではなくて「無常感」だと言われるゆえんである（小林智昭『無常感の文学』）。したがって、宗教としてよりはむしろ文芸などの面で無常が重要な役割を果たし、独特の展開を見せた。そして「無常の美学」が形成されることになる。個としての人間の問題としてよりは、自然の推移が全体として無常なるものとして把握され、人間はその一部を形づくる存在と見られた。たとえば、すぐあとで取り上げる「いろは歌」のように散りゆく桜に無常の象徴を見る。

日本的な無常感が大きく花開くのは王朝の文芸においてだ。王朝文芸の本質は、本居宣長によって「もののあはれ」と把握された。「もののあはれ」とは物の真実に触れることによって、おのずと生まれてくる感情のことである。したがって哀しみの感情に限らず、喜怒哀楽の感動を表す。しかし王朝文芸の本質は「もののあはれ」に尽きるものではない。時間の推移に対する悲哀の情、

「はかなし」をも含むものであった。わけても女流文学では愛のはかなさが大きなテーマとなった。中世にいたって「はかなさ」の美学は「無常」の美学へと深められる（唐木順三『無常』）。

中世の文学は無常感の文学ともいえるもので、『方丈記』『平家物語』『一言芳談』などが無常観をテーマとしている。鎌倉期の仏教者にとっても無常は大きな問題であったが、無常を肯定しつつそれを生きぬこうとする面が出てくる。この方向を文芸の面で発展させたのが隠者たちである。その頂点が、後ほど主題的に話題にする『徒然草』の兼好法師にほかならない。さらに、こうした無常の美学が和歌・連歌・能楽・茶道などの形成に大きな影響を与え、〈幽玄〉〈わび〉〈さび〉などの独特の美的理念を発展させることになる。

この伝統は近世にはいると、芭蕉などに受け継がれる一方で、町人の台頭とともに、〈憂世〉から〈浮世〉へと現世的＝享楽的な文化を花開かせることにもなった。

◆「いろは歌」の無常観

いま概観した、無常の日本的変容をよく示す例が「いろは歌」である。「いろは歌」は「諸行無常偈《げ》」（『大般涅槃経《だいはつねはんぎょう》』の四句）を歌い込んだものとされている。

諸行無常《しょぎょうむじょう》　是生滅法《ぜしょうめっぽう》

生滅滅已《しょうめつめつい》　寂滅為楽《じゃくめついらく》

前の二句は、この世の森羅万象（諸行）は確かな根拠（実体）がなく（無常）、生じたり滅したりしてとどまるところがない、だからこれに執着するのは苦であるの意である。後の二句は、この生滅（無常）への執着を断ち切れば（滅し已《おわ》れば）、心安らかな悟り（寂滅）に達し、真の安楽（為楽）が得られるの意である。

この仏教の深遠な哲理を、「いろは歌」は今様調の哀切な詞藻に移し替える（ちなみに今様歌は平安から鎌倉時代にかけて流行した「新しい」歌謡で、七五調四句からなる）。

色は匂へど　散りぬるを
我が世たれぞ　常ならむ
有為の奥山　今日越えて
浅き夢見じ　酔ひもせず

香りよく咲き誇っている桜の花もやがては散るさだめだ。この世に生きる私たちもその桜の花と同じで、いつ死を迎えるか知ることができない。今日、この有為転変の険しい山を乗り越えた。今はもう、浅はかな夢を見ることも、快楽に酔うこともなくなり、安らかな境地にある。

「いろは歌」は平安中期以後の作とされる。空海に擬されることもあるが（むろん年代的に見て誤り)、作者は特定されていない。いずれにしても、四七の仮名を一回だけしか使えないという厳しい制約のもとで、こんなにも深い内容を今様の調べに載せて盛り込むとは異能の才の賜物としか考えられない。後代には手習いの手本としても使われ、日本的無常感を庶民にやさしく説いたといわれる。「いろは」四七文字はいってみれば日本版アルファベットであるが、「いろは歌」は霏々《ひひ》としてあわただしく散る桜花に無常を見る日本人の心性を見事に詠み込んでいる。

◆あっけなさ、あるいは瞬間の美学

散り急ぐ桜花に対して日本人は二つの対応をみせた。一つは、あまりにもあっけなく散りゆく桜花のはかなさを惜しむ気持ち、もう一つはその散り際のよさを賞美する気持ちだ。次の二首はそのおのおのをよく代表しているだろう。

うつせみの世にも似たるか花ざくら咲くと見しまにかつ散りにけり (『古今集』読人しらず)

〔はかない人の世にも似ているなあ。桜の花は咲くのを見たと思ったら、同時にもう散ってしまったよ〕

散ればこそいとど桜はめでたけれ憂き世になにかひさしかるべき (在原業平)

〔散るからこそ桜はとてもすばらしいものなのだ。このつらい世の中になにか永く続くものがあろうか〕

前の歌は、美しい花ならもっと永く咲いてほしかったという、ごく自然な人間的感情を素直に表白したものである。それに対して、あとの歌は少しつむじ曲がりである。斜《しゃ》に構えている。桜があっという間に散るからこそ、美しいものがはかないからこそ、情趣があるのだという。はかなさの美学、無常の美学である。この美学について日本人は気づいていないようであるが、世界的な物差しで測るとごく特殊なものだ。そのことを示す興味深い事例がある。それは『フランダースの犬』をめぐる彼我の評価の食い違いである。

二〇〇七年ベルギーで、『フランダースの犬』がなぜ日本でだけ人気があるのかを検証するドキュメンタリー映画が制作された。このことが日本のメディアで紹介されて評判になった。話の内容はこういうことである。日本では児童文学の定番であり、一九七五年にはアニメとして一年にわたって「世界名作劇場」で放映された『フランダースの犬』がヨーロッパでは「負け犬の死」の物語として不評である（もっとも、実際には教育的配慮から読ませないようであるが）。また、アメリカでは物語の最後をハッピー・エンディングに改作してしまう。この落差を説明するものとして日本人の「滅びの美学」が引き合いに出された。この指摘は正しい。ことほどさように日本人の美意識は特殊なのである。平家一門の栄枯盛衰を描いた『平家物語』の高い評価、源義経への共感、西郷隆盛への判官《ほうがん》びいきなど、みな無常の美学、滅びの美学のなせる業である。日本人の常識が世界では非常識になることがある。この点はきっちりと押さえておく必要があるだろう。

それでは今度は、滅びの美学、「はかなさ」の美学を身近な事例で確認してみよう。

桜の花はその咲き方のはかなさ、短さの故に偏愛されたことは先ほど見た。桜を愛する日本人は花火を愛する国民でもある。江戸の昔からどんなに多くの人びとが両国の川開きに足を向けたことか。人工の花が夏の夜空に繰り広げる、はかなくも華麗なスペクタクルに人びとは酔いしれる。あるいは、日本の子供たちはあっという間に燃え尽きてしまう花火を息をとめて食い入るように見つめる。ナイトゲームの試合中に幕間ショー的に景気よく打ち上げられる花火もある。日本人は花火の瞬間の美を愛でる。今では世界のあちらこちらで花火は打ち上げられているが、日本人ほど花火を深く愛している国民はないだろう。日本人の子供くらい花火遊びに熱中する子供はいないだろう。また、日本人の子供はシャボン玉遊びが好きである。シャボン玉は勢いよく飛びだし、それから頼りなくふらふらと飛んだあと、ふっと消える。

花火を愛する日本人は相撲を愛する国民でもある。相撲は日本の国技であると言われているが、ほかの格闘技に較べて試合時間があっけないくらいに短いのが特徴だ。仕切の時間は永いが、勝負そのものは十秒くらいでほとんど片がついてしまう。たとえば優勝を賭けた世紀の一戦が立会い一瞬のけたぐりで決まってしまったとしても、それでも観客はそのあっけない決まり方に不満やもの足りなさを感じないだろう。もしボクシングで、開始直後のノックアウトで試合のケリがついてしまったらどうだろうか。観衆からブーイングが起こるのは必定《ひつじょう》である。相撲の場合はブーイングどころか、そこに勝負のかけひきの妙を見て溜飲を下げることになるだろう。永い仕切り時間は一瞬の勝負を盛り上げるためのお膳立てとも思えるほどだ。相撲が国技であるといわれるだけに、その勝負の短さは、日本人のなかにある瞬間的なものに寄せる嗜好を証して余りある。

◆はかなさ、あるいは滅びの美学

話は変わって、王朝文芸で盛んに歌われた「はかなし」とは一体どういう感情を表すのだろうか。岩波の『古語辞典』の語源の説明によれば「ハカは、ハカドリ・カリバカなどのハカ、仕上げようと予定した仕事の進み。ハカナシは、つとめても結果をたしかに手に入れられない、所期の結実のない意。↓むなし」とある。上に見える「カリバカ」は「刈りばか」で、同辞典の説明を借りれば「稲や草《かや》を刈るのに定めた範囲、また仕事の量」とある。「はか」とは程度・量にかかわる言葉であるようだ。「はか」とは「はかがゆく」「はかどる」「はかばかしい」の「はか」で、量的な尺度である。いっぽう「はかない」は「ハカがないこと」で、目標とされた尺度・単位に届かないこと、そこから不足・欠落の感情と結びついて「むなしい」という意味が出てくる。そして「はかなし」はその「むなしさ」という点から「夢」と結びあわされることになる。「浅き夢見じ」と「いろは歌」は悟りの境地を歌ったけれども、実際には人びとはこの世をはかないと感じ、「夢」と見なしながらも、それでも「浅き夢」を追い続けるものだ。思いつくままに「はかなし」と「夢」の結びつきを詠った和歌と文章を次に写す。

寝《ね》るがうちに見るをのみやは夢といはむはかなき世をもうつつとは見ず　（壬生忠岑《みぶのただみね》）

夢よりもはかなき世の中を嘆きわびつつ明かし暮らすほどに　（和泉式部）

世の中は夢か現《うつつ》とも夢とも知らずありてなければ（小野小町）

祇園精舎の鐘の声、諸行無常の響あり。裟羅《しゃら》双樹《そうじゅ》の花の色、盛者《じょうしゃ》必衰の理《ことわり》をあらはす。おごれる人も久しからず、唯《ただ》春の夜《よ》の夢のごとし。（『平家物語』）

はかなさと夢の連想は日本人をして「儚」という漢字を「はかなし」と訓じさせた。「儚」の原義には「はかない」という意味はない。『大字典』（講談社）の「字源」には「会意形声。心明《あきらか》ならずくらきこと。故に人と夢とを合す」とあり、「注意」には「我国にては特にハカナシと訓じ、定め難し・つまらなし・確《たしか》ならず等の義とす。夢の如き意より此《この》字を宛《あ》てしならん」とある。日本人の心性をよく物語る訓《よ》みである。

◆「この世」を見る三つのスタンス

仏教の「無常」を日本人は「はかなし」と翻訳した。そして「夢」の中にその典型を見た。ではその「夢」としての「この世」にどう向き合うことになったのか。その対処法は三つあった。

（1）「この世」の外へ出ること
（2）「この世」の内へと向かうこと
（3）「この世」を見直すこと

(1)は「この世」に絶望し、「別の世」を求めることで、宗教的超越がその典型である。キリスト教の「天国」や仏教の「西方浄土」のように「背後世界」(ニーチェ)を想定して魂の救済・心の平安を獲得しようとする。次の西行の歌にはこの発想が素直に表現されている。

西にのみ心ぞかかる菖蒲《あやめ》草此世《この》は仮の宿りと思へば

目の前に咲いている花はしょせん「仮の宿り」にしかすぎない。そう思えば、おのずと私の心は「西方浄土」を頼りにしてしまうのである。

(2)は「この世」の肯定である。「この世」をはかなむ無常感は結論を先取りしたマイナス思考の所産だ。そこには「どうせ」「しょせん」の心理が働いている。目の前の花の美しさに思いを集めないのは、その先を読んでしまうからだ。これは中途半端な対応である。あとのことはよい。とにかく目の前の花を楽しめ。ホラチウスの金言「現在ヲ楽シメ」(carpe diem)である。ここに働いているのは「せめて」のプラス思考である。

このプラス思考に拍車がかかると、「いっそ」の「開き直り」の論理に行き着く。どうせ「無常」(死)を逃れられないものなら、生きている間のうちに「いっそ」楽しんだほうがましだという発想である。「憂き世」を「浮き世」に変えてしまうのだ。室町後期の歌謡集『閑吟集』の次の歌がよくこの生き方を表現している。

なにせうぞ　くすんで　一期は夢よ　ただ狂へ

問題は(3)である。これは(1)と(2)に比べて屈折したスタンスである。われわれが後ほど取り上げる『徒然草』も基本的には(3)の方向である。(1)と(2)の出発点には「この世」の「はかなさ」「無常」を見まいとする発想がある。「外へ」と「内へ」のスタンスは方向こそ異なるが、マイナスの「はかなさ」「無常」から目を逸らそうとしている点では同一の発想が見られる。それにひきかえ、(3)には「この世」への未練が見て取れる。いかにしてその未練を断ち切るか、それが緊迫の問題である。次の和泉式部の歌は捨てられぬ「この世」という主題を歌い込んでいる。

うき世をばいとひながらもいかでかはこの世のことを思ひすつべき

◆ありてなければ

捨てられぬ「この世」。さて、どうしたものか。その答えは「この世」を肯定もしなければ、否定もしないことである。ただし、そのためには発想の転換が求められる。「この世」を別の視点から眺める必要がある。次に挙げる二首はその別の視点が見られる（小町の歌はすでに前引）。

さてもこはいかがすべき世の中にあるにもあらずなきにしもなし（西行『新古今和歌集』）

世の中は夢か現《うつつ》か現とも夢とも知らずありてなければ（小野小町）

「あるにもあらずなきにしもなし」「ありてなければ」という屈折した言いまわしに特に注目したい。まさしくあのテトラレンマ（四段論法）の三句（両非）と四句（両是）である。生きている自分のありようを「あるにもあらずなきにしもなし」（存在するでもないし、存在しないのでもない）と捉える認識は鋭い。小野小町はさらに踏み込んでいる。「世の中」は「ありてなし」、「この世」に対しての判断を中断《エポケー》する（「夢か現《うつつ》か現とも夢とも知らず」）。

西行は別の歌ではさらに一歩踏み込んだ境位に立つ。

とふ人も思ひ絶へたる山里のさびしさなくば住み憂からまし

〔訪ねてくる人もないと覚った山里で、私を憂さから救ってくれるのはさびしさだけだ。さびしさがなかったらどんなに住みづらいことであろう〕

ここには「さびしいからこそ好い」という常識を逆なでするような発想が見られる。逆説である。人間関係のしがらみを絶ち、自然の景物に触れて心を癒す。隠遁生活の醍醐味である。マイナスの状態をプラスの状態に変換する。「さびしさ」は「さび」に通じる。後年、芭蕉はもっと過激に同じ主題を歌った（ちなみに、かんこ鳥はカッコーのこと）。

うき我をさびしがらせよかんこ鳥

ここで貫かれている論理はレンマの情理である。この情理を「はかなさ」に適用すれば、「この世」を見直すことができる。《「この世」ははかないからこそ好い》。このレンマの情理を追求したのが『徒然草』の兼好法師である。

◆『徒然草』偶感

食物について食べ頃があるように、書物についても「読み頃」があるようだ。特に「古典」と言われているものにその例が多い。私の場合でいえば、『論語』しかり、モンテーニュしかり、アランしかりである。これらはある時期まで敬して遠ざけていた。実は『徒然草』もその一冊だった。少年のみぎり教科書で断章を読んで以来、原典に当たることはついぞなかった。いや、あったことはあったが、必要な個所を拾い読みする程度だった。五十を過ぎてからひょんなことから暇にまかせて読みだしたら、実に面白かった。教科書に採られるのは当たり障りのない箇所ということもあるだろうが、全篇を通して読んだということも幸いしたように思う。『徒然草』は章段から章段への話題の転換が絶妙である。

兼好の筆は人事百般に及び、読む人の心をつかんで離さない。女の怖さを忠告したかとおもえば、恋愛のえもいえぬ魅力を語る。仏道に専心することの大切さを説き、その一方で管弦の悦楽を口にする。名誉や財に執する人の愚かさを嗤い、また人の才覚の大切さを教える。人生訓を真面目に垂れたその口で、家の作り方や勝負で負けないコツを伝授する。有職故実《ゆうそくこじつ》の蘊蓄を傾けたあとで、下世話の奇談・逸話にも目くばりを忘れない。マクロの視点とミクロの視点のシフト。清濁あわせもつ懐の深さ。深い学識に支えられた鋭い人間観察。雅俗硬軟に応じた、漢文訓読体の硬質な文体とやわらかな和文の使い分け。章段から章段の連なりは連歌の「つけあい」を思わせる絶妙な呼吸。「『徒然草』とは、散文化された連歌である」という加藤周一の秀抜な評語が思い起こされる（『日本文学史序説』）。

やはり『徒然草』を読むにはそれなりの人生体験と教養が求められる。若年の私には読む態勢（教養）が調っていなかったということだ。佐藤春夫や唐木順三が同じような趣旨のことを告白していたのを確かどこかで読んだ記憶がある。『徒然草』は若者の嗜好には投じにくい書物なのかもしれない。「老人」向きなのである。『長明・兼好・芭蕉・鷗外——老年文学の系譜』のなかで佐々木雄爾は「老年文学という視点から見た徒然草の粗描」を提案しているが、教えられる点が少なくない（「粗描」は謙遜の辞だろう）。

◆兼好とは何者か

『徒然草』の作者は吉田兼好こと卜部兼好《うらべかねよし》、兼好法師《けんこうほうし》である。生没年は定説がなく、一二八三年頃に生まれ一三五〇年頃に死んだとされる。つまり、鎌倉時代末期から室町時代初期にかけて生きたわけで、その間に後醍醐天皇の「建武の中興」を間近に観察し、南北朝内乱の始まりにも立ち会っている。貴族文化の凋落と新しい時代の荒々しい足音。まさに兼好は転換期を生きた人間である。彼は神道ゆかりの家系に連なり、「諸大夫」(貴族官僚)の身分で宮廷に出入りし、歌人、有職故実に通じた学者(有職故実の記事が『徒然草』の五分の一以上に及ぶゆえんだ)、能書家など多彩な活動をした。生前は、むしろ歌人として知られ、当代の和歌の「四天王」と呼ばれた。歌集に『兼好法師集』が残されている。

ちなみに、『徒然草』が一般に広く読まれるようになったのは江戸時代初めからで、「日本の論語」と迎えられるようになった。「日本の古典の中で、一番多くの出版部数を持つものは、いうまでもなく『徒然草』である」と、斯界の権威、冨倉徳次郎が断言している(強調引用者)。

出家したのはいつか、これもまたはっきりしないが、二十代末から三十代の初めにかけてであると一般に考えられている。当時、「遁世」については二つのタイプがあった。一つは純粋に宗教的な動機から発し、既成の宗教的実践に飽きたらず、より厳しい修行の場を求めるもの。もう一つは必ずしも宗教的な動機のみでなく、世のしがらみ(家族や官職)を絶ちきり、社会の外でアウトサイダーとして「心の静謐」と「行動の自由」を求めるもの。西行、長明、兼好など中世隠者が実行した「遁世」はあとのタイプである。鈴木大拙は日本宗教史の展開で鎌倉時代の初めを画期と捉え、浄土系思想(法然・親鸞)と禅思想に「日本的霊性」の目覚ましい発露を見たが(『日本的霊性』)、鎌倉時代末期を生きた兼好はこの両思想と微妙な関係を取り結ぶことになる(この問題点について後ほど取り上げる)。その遁世生活がいつまで続いたのか、そのあとどんな生き方をしたのかは、ほとんど知られていない。兼好とは何者か。それを知るには『徒然草』を読み解くことしかない(使用したテキストは小学館版『日本古典文学全集27』)。ただ作者が、戦乱の都を知り、死が日常的な現実であった乱世を生きた人間であったことは、くれぐれも忘れないようにしよう。

◆無常を見すえて

『徒然草』の中心軸は無常である。すべてがこのテーマに結びつく。そして、兼好にとって無常とは端的に死である。死はすべての人間を虎視眈々として狙っている。いつ誰の上に襲いかかるか、それを知ることは誰にもできない。むしろ現にいま生きていることを喜ぶべきなのだ。

若きにもよらず、強きにもよらず、思ひかけぬは死期《しご》なり。今日までのがれ来にけるは、ありがたき不思議なり。(一三七)

『徒然草』が強く主張していることは、要するに次の二点にまとめることができる。

(1) 死に対して心の準備をすること(死の観想)

(2) 俗世を捨てること(出家遁世)

当時の人の平均寿命は二十歳にも満たなかったという。現在の日本人よりもはるかに死は切迫感をともなって感じられていたはずだが、人はつい目先のことに心を奪われて、大切なことを忘れてしまいがちだ。兼好は死のことを忘れ、余所事にうつつを抜かしている人たちの数の多さに、あるいは驚き、あるいは憫笑する。身分の高い人も低い人も、老いも若きも、忙しそうに駆けずり回っている。「忙」とは「心が亡《な》い」状態である。心をなおざりにして、なにを忙しく求めているのか。ただひたすら「生《しょう》を貪り」（長寿を願い）、「利を求めてやむ時なし」（七四）なのである。長寿と名利。だが人々を待っているのは「ただ老《おい》と死」である。しかも「その来《きた》る事速かにして」一瞬の遅滞もない。人々が老と死を忘れたり、悲しんだりするのは「変化《へんげ》の理《ことわり》」（無常の理法）を知らないからである。「変化の理」を知らずに「世俗の事」や「名利」に囚われてむなしく一生を終える人を、兼好は「愚かだ」と裁断する。

世俗の事に携はりて生涯を暮らすは、下愚《かぐ》の人なり。（二五一）

名利に使はれて、しづかなるいとまなく、一生を苦しむるこそ愚かなれ。（三八）

これを要するに、無常の冷厳な真理を前にすれば「万事は皆非《みな》（無価値無意味）なり。言ふにたらず、願ふにたらず」（三八）ということである。

◆出家遁世と仏道修行

それでは無常（死）に対して人はどう身を処したらいいのか。名聞・利養・愛欲への執着を絶つこと、言い換えれば脱俗・遁世である。先ほど『徒然草』の中心軸は無常（死）であると指摘したが、『徒然草』の世界は図12のようなテトラポラリティー（四極構造）を形づくっている。つまり、仏道、自然、芸道はいずれも無常に対する対処法である。

（1）無常を観じること
（2）無為を楽しみ、自然に親しむこと
（3）芸道に遊ぶこと

（2）には老荘思想の影響も見て取れる。「名利に使はれて、しづかなるいとまなく、一生を苦しむるこそ愚かなれ」にはじまり「万事は皆非なり。言ふにたらず、願ふにたらず」で終わる三八段は老荘思想そのままであるし、一三段では愛読書として「老子のことば、南華の篇（荘子の書）」が挙げられているので、老荘思想が兼好に「無為自然」を教えていたことは間違いない。しかしながら、仏教の教説が一番の心の支えであったことはもっと間違いないことである。

というわけで、まず（1）の問題から見ていくことにしよう。

イの一番に注意しておきたい点は、兼好の無常観には来世へのまなざしがほとんど見られないことである。浄土教が強く唱道した「厭離穢土《えんりえど》」「欣求浄土《ごんぐじょうど》」の発想が欠落している。ここに兼好の信仰の薄さを見て、彼の遁世を趣味的と判断する人がいるが、それは誤解というものだ。浄土教の仏教観と背馳しているからといって、兼好の仏教観を軽く見ることは短絡的だ。兼好は解脱の道として自力（聖道門《しょうどうもん》）を選んだというだけのことだ。

問題はその出家遁世と仏道修行の関係である。その求道心の強さである。「涅槃《ねはん》静寂」を求めてひたむきに精進したのであろうか。この点をめぐる兼好の発言には揺れが見られる。ある時は、無常のことを思えば、俗世の邪念も失せて求道心も高まるはずだと言う。

> 人はただ、無常の身に迫りぬる事を心にひしとかけて、つかのまも忘るまじきなり。さらば、などかこの世の濁りも薄く、仏道をつとむる心もまめやかならざらん。（四九）

邪念に惑わされて悟りの境地を求めないのは人間にあるまじき畜生のふるまいとまで言い切り、「誠の道」を厳しく唱道する。

> 人と生れたらんしるしには、いかにもして世を遁れんことこそ、あらまほしけれ。ひとへに貪る事をつとめて、菩提〔悟りの境地〕におもむかざらんは、万《よろず》の畜類にかはる所あるまじくや。（五八）

図12

この発言を聞くかぎり兼好はストイックな求道者であるかのように感じられる。ところが、別の時にはひどくトーンダウンして次のようになる。

いまだ誠の道を知らずとも、縁をはなれて身を閑《しずか》にし、ことにあづからずして心を安くせんこそ、暫く楽《たの》しぶとも言ひつべけれ。(七五)

ここで言われる「縁」は本人が注しているように「生活」(生計を得るための営み)「人事」(世俗的付合い)「技能」「学問」などである。ここには世のしがらみを断ち切りさえすれば、上々であるとする気持ちが看取される。一体どちらの兼好が本当なのか。その答えはどちらも本当の兼好なのだということだ。兼好という人間は時に応じて機に応じて判断をくだす現実主義者である。さらに言えばプラグマティストである。原理原則に縛られる人ではない。そもそも、「変化《へんげ》の理《ことわり》」、すべてのものの空しさを知悉する人間が原理・原則の恒常性(必然性)を振り回すのは論理矛盾だろう。その時々の相対的「真」があってもいい。「誠の道」を熱っぽく説く兼好も「真」である。暫定的な「楽」で自足する兼好も「真」である。状況の変化にともない、当初の高い志をおろしたとしても、その軌道修正は状況の変化のしからしむところだろう。

「暫く楽《たの》しぶ」――ここに兼好の仏教に対する基本的な見解が表明されている。出家遁世は「涅槃静寂」の悟道ではなくて、まずは世俗のしがらみから心身を解き放つことであったのだ。兼好は遁世の、いわば「機能的＝実際的効果」に注目している。形式をととのえれば内容は自然にあとから付いてくる。これは、非常にプラグマティックな考え方である。この考え方を、一五七段が実例を挙げながら詳しく展開している。

筆をとれば自然となにかを書きたくなる。楽器を手に取れば演奏して音を出したくなる。賽ころを手にすれば悪心が起こり、博打《ばくち》をしたくなる。「心は必ず事に触れて来《きた》る。」これと同じ消息が仏道修行についても当てはまる。

心更《さら》に起らずとも、仏前にありて数珠《ずず》をとり、経《きょう》をとらば、怠るうちにも、善業《ぜんごう》おのづから修《しゅ》せられ、散乱の心ながらも、縄《じょう》床《しょう》に座せば、覚えずして禅定《ぜんじょう》成《な》るべし。事理《じり》もとより二つならず。外相《げそう》も背かざれば、内証《ないしょう》必ず熟す。〔外に現れた姿が道理に背いていなければ、内心の悟りは必ず成熟するものだ。〕

先ほどの「とにもかくにも遁世を」も同じ論理にしたがっていたことがここで判明する。道念の弱い遁世であっても、遁世という外的条件（生活様式）をお膳立てすることによって「暫く楽《たの》しぶ」こと、それなりの悟りに達することが眼目なのである。

遁世と修行の関係に関連して兼好は興味深い記憶違いあるいは曲解のエピソードを残している。九八段には、浄土教にゆかりの高僧の法語を集めた『一言芳談』から「心に合ひて覚えし事ども」として五つが挙げられているが、その最後の一つが次に挙げるものだ。

仏道を願ふといふは、別《べち》の事なし。いとまある身になりて、世の事を心にかけぬを第一とす。

これは先ほど見た兼好の立場をよく示している文章だが、実をいうとこの引用文は原文と微妙に違っているのだ。原文は次のとおりである。

仏道を願ふといふは、別にやうやうしき事なし（ことごとしい事ではない）。ひまある身となりて、道をさきとして、余事《よのこと》に心にかけぬを第一の道とす。（強調引用者）

原文は仏道の精進だけを唱道している。それに反して兼好の引用文は「世の事」だけをとりあえず問題にしている。これは明らかに原文のねじ曲げである。原文に当たる労を惜しんだのだろうか。「世の事」と「余事」の同音性が兼好の記憶違いを引き起こしたのだろうか。それとも「為にする」ねじ曲げだろうか。単なる誤読だろうか。いずれにしても仏道修行が脱落している事実は重い。ここには問わず語りに兼好の本音が漏らされているのかもしれない。むろん、兼好が仏道修行の大切さを知らないはずはないから、次の発言あたりが兼好の修行観を集約していると見なして差し支えないだろう。

光陰何のためにか惜しむとならば、内に思慮なく、外《ほか》に世事なくして、止《や》まん人は止み、修《しゅ》せん人は修せよとなり。（一〇八）

（何のためにわずかの時間も惜しむかというと、心身が俗事から解放されることで満足する人はその境地を楽しめばよいし、そこからさらに歩を進めて仏道を修行したい人は修行すればよいということだ」

◆無常だからこそ趣がある

では、なぜ兼好は「誠の道」に必要以上にこだわらなかったのだろうか。仏道以外にも無常を手なずける手立てをもっていたからである。

ここまでは兼好の虚無的ペシミストの面に照明を当ててきた。九一段の表現を借りれば、あると思うものは実在せず、始まったものはその終わりをまっとうしない、そうした「無常変易《へんやく》の境」に身を置いている兼好、すべてのものは束の間の仮の姿であり、しばしの間も同じ状態にとどまるものはない、「物《もの》皆幻化《げんげ》なり」と見ている冷徹な、覚めている兼好である。しかしながら彼にはもう一つの顔がある。脱俗・自適のオプチミスト、人生を楽しむエピキュリアンである。

ただ、ここで大きな疑問が生じる。ペシミストとエピキュリアン、この矛盾する二つの人物像がいかにして一つに結ばれるのかである。兼好じしん遁世の草庵にも無常の影が忍び寄ることをよく知っていた。死を前にした人間の立ち位置を戦闘に臨む兵士にたとえて、隠遁者に警告を発する(草庵で芸能三昧に耽った鴨長明を暗に諷している)。

兵《つわもの》の軍《いくさ》に出づるは、死に近きことを知りて、家をも忘れ、身をも忘る。世をそむける草の庵には、閑《しづ》かに水石《すいせき》をもてあそびて、これを余所《よそ》に聞くと思へるは、いとはかなし。閑かなる山の奥、無常の敵《かたき》競《きお》ひ来《きた》らざらんや。その死に臨める事、軍《いくさ》の陣に進めるにおなじ。（一三七）

事、こういう次第であれば、ペシミストとエピキュリアンの間に横たわる溝を埋めるものを探さなければならない。あるいは両岸をつなぐ橋を架けなければならない。その答えはあるのか。ヒントはすでに挙げておいた。西行の「とふ人も思ひ絶へたる山里のさびしさなくば住み憂からまし」のなかにほのめかされている《さびしいからこそ好いのだ》というレンマの情理である。このレンマの情理は兼好にあっては次のようにストレートに、断定的に表現される。この違いは大きい。

あだし野の露きゆる時なく、鳥部山《とりべやま》の煙《けぶり》立ち去らでのみ住み果つるならひならば、いかにもののあはれもなからん。世はさだめなきこそ、いみじけれ。（七）

〔あだし野に置く露の消える時がなく、鳥部山の煙がいつまでも立ち去らないように、そんなふうに人がいつまでもこの世に生きながらえる定めならば、いかに情趣がないことだろう。この世は無常だからこそ趣があるのだ〕

ここには一点の暗さもない。兼好は厭世観とはまったく無縁である。「この世」はあるがままに恬然《てんぜん》と受け容れられる。ここに目撃されるのはしたたかな現世主義だ。冷徹ではあるけれども、しなやかなまなざし。絶対者を設定して「この世」の有限性・無意味性を救抜し、正当化する「ロゴスの論理」は見られない。「この世」の向こうに、彼岸に、西方浄土を求めようとする他力本願もない。あくまでも「この世」に踏みとどまり、無常の世に美（いみじさ・すばらしさ）を見いだそうとする貪婪な芸術家魂。「さだめなし」（無常）と「いみじさ」（美）は一般的には矛盾する観念である。その矛盾する観念が「レンマの情理」によって包み込まれる。

（1）「この世」は素晴らしい。
（2）「この世」は無常である。
（3）「この世」は素晴らしくもなく、無常でもない。
（4）「この世」は無常でありながら、かつ素晴らしい。

「いみじけれ」は兼好がよく使う「あわれ」とおきかえて差し支えない。むしろそう言い換えたほうが的確かもしれない。「世はさだめがないからこそ、あわれである」と。兼好が言うところの「もののあはれ」は、無常を感じさせる事象に揺曳する情趣だ。物の衰微・消滅、あるいは人のふるまいや生命の衰退・終焉を感じさせる現象にただよう風情である。そういう情趣・風情に敏感に感応するには、無常に対してすでにして鋭敏になっていなければならない。

兼好の前に繰り広げられるのはレンマの情理が支配する世界である。偶然と必然が織りなす縁起の世界である。その世界では必然の力が支配的である事実を兼好は認めることにやぶさかではないけれども、人がつい見落としてしまう偶然のふるまいにも目をくばる。兼好が偶然性に対して鋭敏な感受性の持ち主であったことは「始め終りこそをかしけれ」（一三七）と判定していることからもよく窺える。「始めと終わり」にこそ偶然は集中的に目睹されるからだ（詳しくは後述）。たまたま現れ出て、たまたま消え去っていく「はかなさ」のなかに兼好はいみじさを、ゆかしさを、おかしさを感じ取る。兼好一流の「もののあわれ」だ。人々が漠と感じていた「もののあわれ」を兼好はしっかりと見とどけて、腑分けする。その成果は有名な一三七段に集約されている。

◆『徒然草』一三七段を読む(その一)——花はさかりに、月はくまなきをのみ見るものかは

一三七段は『徒然草』のなかで最長の章段であるが、大きく三部に分かつことができる。

（1）余情の美学を説明するくだり
（2）賀茂神社葵祭を描写するくだり
（3）無常論を展開するくだり

そしてさらに(1)は次の各文をトピックセンテンスにする三つのユニットに分けられる。

▼花はさかりに、月はくまなきをのみ見るものかは。
▼万《よろず》の事も、始め終りこそをかしけれ。

▼すべて、月・花をば、さのみ目にて見るものかは。

まず(1)から。現代語訳（拙訳）を示しながら読み解いていくことにする。

桜の花は、満開に咲いているのだけを、月は満月のくまなく照りわたるのだけを見ればいいというものではない。雨に降りこめられながら月を恋い慕い、簾《すだれ》をたれた部屋にひきこもって、春がどこまで更けていったのかを知らないのも、やはり、しみじみとした感じがし、情趣の深いものだ。今にも咲きそうな頃合いの桜の梢、花の散りしおれている庭などが、特別に見どころの多いものだ。和歌の詞書《ことばがき》にも、「花見に出かけましたところ、もう、すっかり散ってしまいましたので」とか、「さしさわりがあって出かけないで」などとか書いてあるのは、「花を見て」と書いてあるのに、劣っているといえようか。花の散るのを、また、月の西に傾くのを惜しみ慕う世の習わしは、もっともなことであるが、なかでもとくに、ものの情趣を解さない人に限って、「この枝もあの枝も、散ってしまった。もう見るだけの値うちもない」などと言うようだ。

満開の華麗な桜の美しさや満月のさやかな美しさについては誰しも心を惹かれる。それはいわば「プラスの美」である。伝統的な美、様式化された美だ。それは必然的な美と言ってもよろしい。ところが、ここで開陳されているのはいわば「マイナスの美」の宣揚である。むろん、兼好は伝統的な美意識を認めないわけではないけれども（「をのみ見るものかは」の「のみ」に注目すること）、そうしたことは重々承知しながらも、人々が看過しがちな「新しい美」に注意を喚起する。確かにここで賞美・賞揚されている美意識はかなりユニークであることは事実である。人情として人は「花は散らず、月は曇らないこと」を念じるはずだからである。

無常の美学を唱道する一三七段の「新しさ」をきちんとした形で初めて指摘したのは一世紀ほど後の室町前期に活躍した歌人である。妖艶・幽玄の作風で知られる正徹（一三八一―一四五九）で、彼はその歌論書『正徹物語』で次のように口を極めてほめる。

花はさかりに月はくまなきをのみ見るものかはと、兼好が書きたるやうなる心根をもちたる者は、世間にただ一人ならでは無きなり。この心は生得にて有るなり。

正徹の炯眼には敬意を表するが、こうした美意識の持ち主が世間にただひとり兼好あるのみだとする判定には与しがたい。生得のものであるにもせよ、現に正徹本人が同じような美意識をもっているではないか。正徹は『正徹物語』の別の個所では次のような意見を吐く。

月に薄雲のおほひたるや、山の紅葉に秋の霧のかかれる風情を幽玄の姿とするなり。是はいづくか幽玄ぞと問ふにも、いづくといひがたきなり。

この種の美は、知る人ぞ知る、分かる人にしか分からないと、突っぱねた形であるが、われわれとしてはそうもいかないので説明責任を果たすことにしよう。

先ほど「マイナスの美」のことを言った。それは「偶然の美」と言い換えてもいい。偶然性一般についてはすでにその三要件を話題にしたが、ここでは美に限定してその条件を考えてみよう。そうすると次の四つの主要な条件が数えられるだろう。

（1）短さ（瞬時性）
（2）もろさ（脆弱性）
（3）小ささ（微小性）
（4）少なさ（稀少性）

ここで問題になる属性は客観的＝物理的というよりは多分に主観的＝心理的なものである。たとえば同じ三〇分でも急用のある人と暇な人では受け取り方が異なるだろう。あるいは、イヌやネコより小さい動物に関心を示さないフランス人には昆虫は眼中に入らないほど小さい。あくまで相手あってのことで、そこに想定されている比較対象（必然的なもの）次第である。必然性が人に安定性を感じさせるとすれば、偶然性は意外性を感じさせる。そして偶然性は物事の「始まり」と「終わり」に目睹される。無常の場合は「終わり」に関心が集中し、不意に訪れる死が問題になる。偶然性は物事の「起動相」と「終了相」に観察される意外性にほかならない。「万《よろず》の事も、始め終りこそをかしけれ」と主張する兼好は確かに鋭敏な偶然意識を持ち合わせている。

ところで、マクロの視点は必然性に注目する。偶然性を捉えるにはミクロの視点が是非とも要求される。大切なことは「束の間のもの」「消えようとするもの」「小さなもの」「稀なもの」に対する目配りである。それは「新しさ」「珍しさ」の発見に通じる。たとえば芭蕉の次の句にはミクロの視点（偶然意識）が分かりやすい形で見られる。

よく見れば薺《なずな》花さく垣根かな
山路きて何やらゆかし菫草

ありつづけるはずの事象の流れ（必然性）がふと破られる。「無い」はずのものがたまたま「在る」。おやという軽い驚き。「咲きぬべきほどの梢」に発見した蕾の微妙なふくらみ加減（「起動相」の美は後述）。あるべきはずのものがたまたま「無い」。これは欠落・空隙に起因する偶然性の目撃である。しおれて枯れる「終了相」に揺曳する、さびれた美である。花が「散りしをれたる庭」に見いだされる「見所《みどころ》」である。「無い」という偶然が想像力をかき立てる。想像力によって失われた盛りの美が対比され、あえかな美が喚起される。余情の美である。

余情の美にとっては想像力がすべてである。盛りの花があってこその「散りしおれた花」であり、曇りなき満月があってこその「雨の月」である。あくまでも対比・対照の効果だ。この想像力の重要性は幽玄・余情を求めた藤原定家（一一六二―一二四一）の次の歌を想い起こさせる。

見わたせば花も紅葉《もみじ》もなかりけり浦の苫屋《とまや》の秋の夕暮
〔見渡すと春の花も秋の紅葉もないよ。苫ぶきの海女の粗末な小屋が散らばるこの浦の夕暮れは〕

だが、ここに兼好の余情の美学に真っ向から反対する人物がいる。江戸時代中期の国学者、本居宣長（一七三〇－一八〇一）である。その随筆『玉勝間』のなかでこんなことを言う。確かに古来の歌を見ると、花の盛りや月のくまなさを詠う歌よりも、花に風を、月に雲を惜しむ心を詠ったものがだんぜん多い。けれども、それは心の底で花の盛りを心ゆくまで楽しみたい、雲のかかっていない満月を存分に楽しみたいと思えばこその嘆きの作歌なのである。なにも好きこのんで風を、雲を詠っているわけではない。兼好の主張は「人の心に逆《さか》ひたる」僻事であり、「後の世のさかしら心の作り風流《みやび》」である、と。本居宣長という男は、時に狷介、狭隘である。強引に言いつのって押し切るところがある。彼の論難は「花はさかりに月はくまなきをのみ見るものかは」とある「のみ」を故意に伏せた言いがかり、あるいは曲解である。風流から遠いのは、兼好ではなくて宣長のほうである。

◆『徒然草』一三七段を読む（その二）――万《よろず》の事も、始め終りこそをかしけれ

兼好は開口一番「総じて何事も、始めと終りが特別に趣があっておもしろいものなのだ」と宣言

する。すべてのものの情趣はかすかなその兆しにおいて、またその名残の余情において、かえって深まるものなのだ。そしてまずは恋愛心理の解剖が披露される。パスカル（一六二三―一六六二）は『パンセ』の冒頭の断章で「幾何学の精神」（合理的分析力）と「繊細の精神」（濃やかな感受性）の違いを論じたが、ここでの兼好は「繊細の精神」を遺憾なく発揮している。

男女間の恋愛でも、ただ逢って契りを結ぶことだけをいうものだろうか。あるいは、添い遂げられず契らないで終わった恋のつらさを思い、あるいは、誓いながら果たされなかった逢瀬《おうせ》を恨み嘆き、あるいは、恋する人を待ちながら長い夜をひとりで明かし、あるいは、はるかに隔たった身分違いの人を想い、あるいは、今は落ちぶれて浅茅《あさじ》の茂っている荒れた住居にあって、恋人と語らった昔をなつかしく思い出したりする。こういうのをこそ、恋のなんたるかを知っているということなのだ。

男女関係についての同様な意見は三段にも披瀝されているが、一三七段のほうが格段に分析が鋭い。兼好はモンテーニュ（一五三三―一五九二）や先ほど名前を挙げたパスカルにも比すべき人間性探究者《モラリスト》であるが、困ったことには時々矛盾したことを平気で口にする。男女の仲の機微をここまで心得た御仁が別の所では「世の人の心まどわす事、色欲にしかず」（八）とか「まことに、愛著《あいじゃく》〔愛欲〕の道、その根ふかく、源《みなもと》とほし」（九）と説教し、とりわけ女の業の深さを断罪して女性嫌悪を表明する。「すなほならずして拙きものは女なり」（一〇七）。この場合は若さゆえの客気を取り下げたということではあるが。花や月の観賞と同じく、ここでも想像力が大きな役割を果たしていることに注意すべきだろう。想像力の大切さとその効果。私はこのくだりを読むといつも「宮廷風恋愛」の詩人ジョフレ・リュデル（一一三〇?-一一七〇?）のことに思いを馳せる。この中世のフランス詩人は「遥かなる恋」「遠い恋人」を歌った。そしてこの詩人の簡単な「伝記」は古来多くの人々の夢想をかき立てたのだ。

ジョフレ・リュデルは、いとも身分の高い人、ブライユの領主であった。その彼が、アンチオキアから戻った巡礼者から、トリポリ伯夫人のよき評判を伝え聞くと、見ぬうちから夫人に恋してしまった。そのため、夫人について、言葉こそ貧しいが、美しい調べの詩を数多くつくった。さらに、夫人に逢いたい一心から、十字軍に加わり海に乗り出した。が、船中に病を得て、トリポリ〔ベイルートの北方、現タラブルス〕は、とある旅籠に瀕死の状態で運びこまれた。このことが伯夫人に知らされると、夫人は彼のもと、病床にまで訪ね来て、その腕の中に彼を抱き入れる。すると彼は、伯夫人であることに気づいて、たちまち音を聞く力、匂いを嗅ぐ力を取り戻し、夫人に逢えるこの一瞬まで、生き永らえさせてくれたことを神に感謝した。このようにして、彼は夫人の腕に抱かれたまま死んだ。そこで夫人は、丁重に礼をつくして、聖堂騎士団の神の家に亡骸を埋葬させた。そしてその同じ日、彼の死を悼む余り、伯夫人は修道女となった。

（新倉俊一訳）

この「伝記」はあまりにも出来過ぎていて、そこにはフィクションが多分に混じり込んでいるはずだが、そのことはここでは問うまい。想像力が高めた恋の美しさとはかなさとに、心が洗われる思いがする。

恋愛のしみじみとした情趣を説いた兼好は、次には月の鑑賞法を伝授してくれる。兼好は月への想いをほかの章段でも開陳する。月はその醸しだす風情だけではなく、その盈虧《えいき》が人生の無常・変化を示すものとして兼好の心を惹いたのだ。二四一段には「望月《もちづき》のまどかなる事は暫くも住《じゅう》せず、やがて欠けぬ」とあり、八三段には「月満《み》ちて欠け、物盛《さか》りにして衰ふ」とある。月の鑑賞法についてはくだくだしい解説の要はないだろう。前節の記述を思い出せば足りる。ミクロの視点の定位だ。

満月のかげりもないのを、はるか遠い千里のかなたまで眺めているのよりも、明け方近くなって、待ちに待ってやっと出てきた月が、たいそう趣深く、青みをおびているさまで、深い山の杉の稍に見えている風情、木々の間の月の光、さっと時雨を降らせている一群の雲にかくれている月の様子などが、このうえなく情趣深いものである。椎《しい》の木や白樫《しらかし》の木の、濡れたような葉の上に、きらきら光っている月の光は、まったく身にしみ入るようで、この時ばかりは世捨て人の身でありながら、情趣を解する友がいてほしいものだと、友のいる都が恋しく思われる。

◆『徒然草』一三七段を読む（その三）――すべて、月・花をば、さのみ目にて見るものかは

ここでも話題は余情の美、不在の美であり、想像力の賞揚であるが、このくだりの狙い目はそうした美のありかたを、想像力のかけらもない人間たちの無粋なふるまいと比較して、その本質をくっきりと描き出すことにある。いわばここまでが理論編であるとすれば、以下は実践編にほかならない。

総じて、月や花をば、ただ目でばかり見ればいいというものではない。春には家を出て花見に行かないでも、月の夜は寝室にひきこもったままでも、月や花を心のうちで想像しているだけで、それこそ興趣もつきず、まことに頼みがいがあって、おもしろいものだ。情趣を解する人は、ただ一途に熱中するふうにも見えず、おもしろがる様子も、あっさりしている。片田舎の人間にかぎって、万事あくどくもてはやすものである。花見に行けば、遠くから眺めればいいものを、人をかきわけ花の下に近寄り、わきめもせずに見つめて、酒を飲んだり連歌をしたりして、ついには、大きな花の枝を、考えもなく折り取ってしまう。泉のほとりを散策すれば、手足をさし入れひたし、雪見をすれば、地面におりていって足跡をつけたりなど、何ごとにつけても、さりげなく見るということができない。

ここに開陳された「花」と「月」に対する鑑賞法は遠く時代を下った芭蕉の紀行文『笈《おい》の小文』

の冒頭にその反響を見いだすことができる。

見る処《ところ》花にあらずといふ事なし。おもふ所月にあらずといふ事なし。〔……〕造化にしたがひ、造化にかへれとなり。

このあと兼好の文章は、粗野な田舎者たちが葵祭の見物でみせる無粋ぶりの数々を風刺的＝戯画的に描くが、ここではそれらをすべてカット、葵祭のフィナーレへと飛ぼう。

祭りが終わって、日も暮れる頃になると、所狭しと並んでいた車も、立錐の余地もなく並んでいた見物人も、どこへいってしまったものか、まもなく残り少なくなって、帰る車の混雑もやんでしまうと、桟敷のすだれや畳も取り払い、みるみるうちにさびしそうになってゆく、そんな有様を見るにつけて人生のはかなさも思いやられてそぞろあわれをもようする。祭りの行列を見ればいいというものではない。大路のこういう光景を見ることこそが、本当に祭りを見たということなのである。

身分の高い人も、賤しい人も、男も女も、老いも若きも、それぞれがそれぞれの流儀で、あるいは遠見に、あるいは間近に祭りを楽しんだ。さあ、祭りは終わった。ハレからケへの移行である。人々は日常の生活へといそいそと帰っていく。ひとり残された「よき人」ははなやかな祭りのフィナーレにそぞろ人生の悲哀を感じる。祭りがにぎにぎしく晴れやかであっただけに、その想いはひとしおである。祭りに集まった大勢の人たちも、ケの世界では死が待っている。兼好の筆はそれこそ唐突に無常論へと逸れていく。いや、逸れていくのではない。実は、それが本題なのである。

一三七段は記述の上では余情の美学から無常論へと流れていて、無常論は四分の一程度にすぎないが、無常論が余情の美学を下支えしている。無常（死）を知ることが「生を楽しむ」こと、美を感じることの前提になっているのだ。すでに確認したように兼好にあって「死は近きにあり」であった。世人はそのことを知らず、あるいはそのことを忘れて、名利を求め、愛欲におぼれ、娯楽に興じる。パスカルが剔出したように人間は死を見まいとして「気を紛らしている」だけなのだ。皮肉にも、自分の「惨めさ」を忘れるための行為がもっとも惨めだ。なぜなら、それは人をして自分の置かれている状況を直視し、正しい認識を得ることを不可能にし、「知らず識らずのうちに死に至らしめる」からだ（『パンセ』）。パスカルは神を見よと言う。兼好は「この世」を直視せよと言う。

◆〈この世〉を直視せよ、さらば〈美〉を見いださん

物事を客観的に見るには身を引く必要がある。マクロの視点だ。それに反して物事の機微を見るにはミクロの視点を採る必要がある。マクロの視点とミクロの視点は、先に言及したパスカルの幾何学の精神と繊細の精神とぴったり重なり合わないとしても、ほぼパラレルな関係にある。パスカ

ルは両者を兼備することははなはだ稀であると認めたが、兼好は両者を併せもった稀有の人と言うことができる。そのことを改めて教えてくれるのが、一五五段で披瀝される、兼好の自然の推移に対する独特なスタンスである。このスタンスから流動的な自然観が形づくられる。

春夏秋冬の季節の移り変わりは循環的であり、必然的である。春が来て、春の終わりを待って夏が来る。そして、夏が終わり、秋が来て最後に冬が来る。これが常識的な考え方だ。しかし兼好はこうした考え方に異を唱える。春のなかにすでにして夏は胚胎している、と。必然的な流れのなかに偶然的な兆しが包み込まれている。その偶然的な兆しを捕らえるのはミクロの視点である。必然的な変化のなかのどの時点で、偶然が出現するかは誰にも予見できない。しかしある瞬間、必然の方向性からそっと偶然がこぼれ落ちてくる。その小さな動きを見逃さないことが肝心である。さながらあとの物が前の物を急《せ》かすように、自然の推移は片時もとどまることを知らない。迅速きわまりない。

春暮れてのち夏になり、夏果《は》てて秋の来《く》るにはあらず。春はやがて夏の気《き》を催し、夏より既に秋は通《かよ》ひ、秋は則《すなわ》ち寒くなり、十月は小春《こはる》の天気、草も青くなり梅もつぼみぬ。木の葉《こ は》の落つるも、先づ落ちて芽ぐむにはあらず。下《した》よりきざしつはる〔きざし芽ぐむ力〕に堪へずして落つるなり。迎ふる気、下に設けたる故に、待ちとるついで〔待ち受ける、その順番〕甚《はなは》だはやし。

ダイナミックな自然観である。しかしこれは前段にしかすぎない。ここに人事が絡んでくると、さらにダイナミックな展開になる。四季の推移にはそれなりの「定まれるついで」（順序＝必然性）があるけれども、死の到来は卒然として偶然そのもので、予知しがたい。

生《しょう》・老・病・死の移り来《きた》る事、又これに過ぎたり。四季はなほ定まれるついであり。死期《しご》はついでを待たず。死は前よりしも来《きた》らず。かねて後に迫れり。人皆《みな》死ある事を知りて、待つことしかも急ならざるに、覚えずして来《きた》る。沖の干《ひ》潟《かた》遙《はる》かなれども、磯より潮の満つるが如《ごと》し。（一五五）

神出鬼没ともいえる偶然的死の到来にどう対処すべきか。その処方箋はこの段の冒頭に人生訓という形で示されている。「世に従はん人は先《ま》づ、機嫌〔潮どき〕を知るべし」と。物事の移り目に注目せよということだ。「始めと終わり」の節目に急展開のドラマの種が隠されている。人生しかり。戦争しかり。事業しかり。商売しかり。そして美しかり。「折節のうつりかはるこそ、ものごとにあはれなり」（一九）〔季節が移り変わるのは、何事であれ趣が深い〕。かくして、兼好は自然や人生の必然的な流れのなかに偶然のちょっとしたふるまい（美）を発見することに無上の愉悦を覚える。

ここにわれわれは又してもレンマの情理を見いだすことになる。《死を恐れるからこそ人生を楽しむのである。無常を知るからこそ美を求めるのである。》「人、死を憎まば生を愛すべし。存命の喜び日々に楽しまざらんや」（九三）。世人は「死を恐れないが故に、人生を楽しまないのだ」。死に関して無知であるから、死の切迫性を知らないから、本当の意味で人生を楽しもうともせずに、愚かな生き方をしている。「一日の命、万金より重し」(九三)。〈この世〉(無常)を直視せよ、さらば〈美〉(楽しさ)を見いださん。これが兼好の到達した美学であり、人生哲学である。

◆転換期を生きたダンディスト

ここまで『徒然草』のテキストからつむぎだされた兼好像は無常を直視し、無常の中に美を見いだすダンディストである。無常(死)を直視するとは下世話の言葉でいえば最悪の事態に備えるということだ。今日日《きょうび》のことばで言い直せば「危機管理」。兼好は危機管理に長けた人生の達人である。時に応じて、機に応じて「豹変する」このダンディストのイメージを絞り込めば、次の三つにまとめられるだろう。

(1) 繊細でしなやかな精神のエピキュリアン
(2) 冷徹でしたたかなモラリスト
(3) 機を見るに敏なプラグマティスト

これらのイメージは現世主義・現実主義に裏打ちされている。兼好には時代の刻印が色濃く印されている。じじつ、初めに触れたように、兼好は大変な時代を生きたのだ。いわば彼は二つの時代を生きた。兼好は乱世を生き抜いたしたたかな、しぶとい人物であった。《無常であるからこそ、「この世」はすばらしい、生きるに値する》——このレンマの情理は日本人の心の深層（真相）を照らし出す。日本人の心、あるいは日本文化には中心軸がないとよく言われる。中心軸、それは確たる原理・原則のことである。無常の美学は西洋的な中心軸とは異なる中心軸、中心軸ならざる中心軸ではないのか。「日本的霊性」（鈴木大拙）ではないのか。

その答えを出すのはまだ早い。時計の針を進めよう。

兼好のメッセージは時代を超えて届く。すでに指摘したように江戸時代の初め以降、『徒然草』は多くの読者層をつかむようになった。そして、無常の美学は数百年の星霜を閲して、ひとりの精力的な啓蒙家の行動哲学としてよみがえる。彼もまた激動の時代を生きた人物である。生涯の前半を封建的幕藩体制下に生き、後半生を開明的な明治の時代に生きた。福沢諭吉である。その行動哲学の意味するところはなにか。この設問を次章において考えることにしよう。

第4章

福沢諭吉の人生哲学

——近代主義と伝統

◆はじめに

福沢諭吉は十八世紀のフランスで活躍した啓蒙哲学者ヴォルテールに比することのできる明治時代のオピニオンリーダーで、黎明期の近代日本史に巨歩を残した人物である。その業績の全体像を描出するのは、それこそ至難の業だ。本章が俎上に載せるのはこの巨人のある一面だけである。その人生哲学である。

個人の「独立自尊」、国家の自由独立を説く近代主義者の福沢諭吉（一八三四―一九〇一）には一見それと齟齬するような意外な側面がある。それまでの表の顔とその裏面がどう結びつくのかと思いをめぐらすと、人はぐっと詰まってしまう。あとで紹介するようにいくつかの説明が提案されてきたが、腑に落ちた解答とは言いかねる。

問題になるのは人間を「蛆虫」、人生を「戯《たわむれ》」と見る独特な人生観である。一歩まちがえばニヒリズムの奈落の底にも落ちかねない退嬰的な考え方が、なぜ「一身の独立」と「一国の独立」を精力的に唱道した合理的近代主義者、啓蒙家の頭に宿ったのだろうか。それも一時のことではない。福沢の生涯の信念であったらしい（ただ、はっきりと公言されたのは最晩年になってからのことだが）。だからこそ、われわれはその人生観を問題にしなければならない。その真意をつかみとらなければならない。

その探索は一筋縄ではいかないだろう。見通しをよくするために、あらかじめその大筋を示すことにする。人間＝蛆虫論の秘密を解くためには、福沢のなかにある「西洋的なもの」と「日本的なもの」をしっかりと腑分けする作業が求められる。この作業を通じて、福沢が凡百の西洋追随の「開化」論者に終わらず、ヨーロッパ文明と対峙しながら確たる立脚地を保持できた理由を追求することになる。そしてその答えは、福沢のなかに見いだせる日本的な深々とした水脈、第2章で探り当て、第3章で吉田兼好のなかに確認したレンマの情理のなかに隠されている。

◆人間＝蛆虫論とは

福沢は自説をあちらこちらで述べているが、『福翁百話』七の「人間の安心」がもっとも説いて委曲を尽くしている。その理路をたどることにしよう。

まず注目しなければならない点は、福沢がミクロの視点とマクロの視点を使い分けていることだ（もっとも、後ほど問題にするように、この使い分け自体は福沢の文章によく見られる特徴ではあるけれども）。マクロの視点（宇宙）から見れば人間などちっぽけな、はかない存在でしかない。人間とは「生れてその生《うま》る所以《ゆえん》を知らず、死してその死する所以を知らず、由《よっ》て来《きた》る所を知らず、去《さり》て往《ゆ》く所を知ら」ない「偶然的な」存在である。人間のはかなさ、つまらなさを福沢はこれでもかというようにレトリックに訴えて強調する。さながら人間は「無智無力、見る影もなき蛆虫《うじむし》同様の小動物にして、石火電光の瞬間、偶然この世に呼吸眠食し、喜怒哀楽の一夢中、忽《たちま》ち消えて痕《あと》なきのみ」。してみれば、「凡俗の俗世界に、貴賤貧富、栄枯盛衰などとて、孜々《しし》経営して心身を労するその有様」はまことに「可笑《おか》しくも又《また》浅ましき次第」である。ここまではマクロの視点の認識である。

ただ、肝心なことは人間がこのマクロの視点を取りうるという事実である。これが人間を他の生きものから分かつゆえんだ。人間は自分のつまらなさを自覚している。すべてがこの一点にかかっている。たかが人間、されど人間である。蛆虫は蛆虫なりに相応の覚悟があるべし、というわけである。

則《すなわ》ちその覚悟とは何ぞや。人生本来戯《たわむれ》と知りながら、この一場の戯を戯とせずして恰《あたか》も真面目に勤め、貧苦を去《さり》て富楽に志し、同類の邪魔せずして自《みず》から安楽を求め、五十、七十の寿命も永きものと思うて、父母に事《つか》え夫婦相親《あいした》しみ、子孫の計《はかりごと》を為し又《また》戸外の公益を謀《はか》り、生涯一点の過失なからんことに心掛《こころがく》るこそ蛆虫の本分なれ。否《い》な蛆虫の事に非《あら》ず、万物の霊として人間の独り誇る所のものなり。唯《ただ》戯と知りつつ戯るれば心安くして戯の極端に走ることなきのみか、時に或《あるい》は俗界百戯《ひゃくぎ》の中に雑居して独り戯れざるも亦《また》可なり。人間の安心法は凡《およ》そこの辺に在《あり》て大なる過《あやまち》なかるべし。

ここに見られる思考の逆転はかの有名なパスカルのそれを思わせる。

人間は自然のなかで最も弱い、一本《ひともと》の葦にしかすぎない。だが、それは考える葦である。彼を押し潰すためには全宇宙が武装する必要はない。蒸気や一しずくの水でも人間を殺すには十分だ。しかしながら、たとえ宇宙が彼を押し潰そうとも、人間は彼を殺すものよりも尊いだろう。なぜなら、彼は自分が死ぬこと、また宇宙が自分よりも優れていることを知っているからだ。宇宙はそれについてなにも知らない。

（『パンセ』）

◆「安心法」は人生哲学である

要するに、福沢が説いている「人間の安心」法（以下「安心法」と略記）の要諦は、人間といい人生といい、大したものではないから肩肘を張らずに楽な気持ちで応接せよ、リラックスが一番だということだ。同様の所説は『百話』に散見される。たとえば、

人生は見る影もなき蛆虫に等しく、朝の露の乾く間《ま》もなき五十年か七十年の間を戯れて過ぎ逝《ゆ》くまでのことなれば、我一身を始め万事万物を軽く視《み》て熱心に過ぐることあるべからず。生まるるは即ち死するの約束にして、死も亦《また》驚くに足らず。況《いわ》んや浮世の貧富苦楽に於てをや。

（『百話』十）

こうした「安心法」が説かれているのは最晩年の『百話』（一八九七）に限った話ではなく、『福翁自

伝』（一八九九）を繙けば生涯の人生観でもあったことが知れる。ただ正面切って提案されたのは『百話』が最初であった。『福翁自伝』には、「安気」とか「安心」とかという語が随所に出てくるが、それは「人間万事頓着と覚悟」する達観のことであり、『百話』の「安心」と意味するところはほぼ同じと見て差し支えない。その具体例は、福沢の畢生の大事業である慶応義塾の経営に見ることができる。その経営哲学について福沢は次のように述べる。

腹の底に極端の覚悟を定めて、塾を開いたその時から、何時《なんどき》でもこの塾を潰してしまうと始終考へているから、少しも怖いものはない。平生は塾務を大切にして一生懸命に勉強もすれば心配もすれども、本当に私の心事の真面目《しんめんぼく》を申せば、この勉強心配は浮世の戯れ、仮の相《そう》ですから、勉めながらも誠に安気です。

（『福翁自伝』）

「安心法」は経営哲学にとどまらず福沢の人生哲学でもあった。『福翁自伝』の末尾のあたりで自分の人生を総括する形で福沢は次のように吐露する。

私の流儀は仕事をするにも朋友に交わるにも、最初から捨て身になって取って掛り、たとい失敗しても苦しからずと、浮世の事を軽く視《み》ると同時に一身の独立を重んじ、人間万事、停滞せぬようにと心の養生をして参れば、世を渡るにさまでの困難もなく、安気に今日まで消光《クラ》して来ました。

◆「安心法」をめぐる四つの評価

すでに注意したように、福沢の主張している「安心法」はそれこそ一歩まちがえば無気力なニヒリズムになりかねない危険性をもっている。福沢の一般的イメージとはそぐわないイメージを提起する。というよりか矛盾するイメージだ。こうした異質な福沢像の並立をどう説明するのか。われわれは代表的で特徴的な四つの反応を見ることにしよう。

まず一番手は臨場感あふれる反応。『百話』は同時代の人々にも事件であったらしい。一八九七年に『百話』が刊行された直後に倫理学者・評論家の綱島梁川《りょうせん》が「『福翁百話』を読む」と題した文章を発表した。梁川は四年後にも「福翁の人生二面観」を発表している（奇しくも福沢の死のほんの直前にあたる）。いずれの論においても梁川は福沢の説にひどく当惑し、大いなる疑念を表している。梁川の批判の要点は「安心法」は福沢の「方便主義」の悪しき所産であるということに尽きる。

梁川は『百話』のなかには二人の福沢がいると、考える。「前に天道を説き、応報を説き、活動進歩の主義を説きたる氏は、ここには其の影を滅して、未だ全く東洋魂を脱せざる氏の一面の風采、髣髴として吾人の眼前に浮かび来たる」（強調原文）。説くところ、そのあまりの齟齬に「ああ是《こ》れ両立すべき観なる乎《か》」と嘆息する。人生を戯れ、空なりと知りながら本気になって生きよと勧めるのは、「人に偽善を勧め、矯飾をすすめ、言行を二にせよと奨むるものなり」と極言する。文明主義者のなかに仏教者流の「嘘も方便」を見て取る（確かに、福沢は仏教の説法をスピーチ、あるいは説得術として高く評価してはいたけれども）。

以上は「『福翁百話』を読む」の梁川の主張だが、福沢の転回を目の当たりにした人間の動揺がよく示されている。語調も厳しい。ただ、数年後に書かれた「福翁の人生二面観」での梁川は少し余裕のあるスタンスをとり、福沢の「方便主義」の真意を読み取ろうと努める。そして次のいずれかだと忖度する。

（1）人生は根本において真面目なものであるにもかかわらず、（リラックスして自在に生きれるように）方便として戯れとして見よと説くのか

（2）それとも、人生は根本において戯れであるにもかかわらず、（生きる意欲を鼓舞するために）方便として真面目であるかのように行動せよと説くのか（梁川はこちらの可能性が高いと踏んでいるが）

そして、ああでもないこうでもないと考えをめぐらしたあげくに、結局のところ梁川は「近世的精神の権化」ともいえる側面と「中世紀の二元的思想、もしくは小乗仏教観を脱しえざる」側面、つまり「福翁の人生二面観」は「必然に矛盾すべき底のものなり」と断案する。

梁川の指摘は鋭いが、彼はいわば「福翁の人生二面観」を切り離して絶対的に矛盾対立するものと考えてしまった。

二番手は丸山眞男である。丸山は「典型的な市民的自由主義の政治観」の持ち主という「福沢神話」の形成に大きな力のあった人物である。丸山は論文「福沢諭吉の哲学」で、梁川を意識しながら福沢の「安心法」を読み解く。彼によれば、梁川の批評は鋭いけれども、惜しむらくは「問題の提起の仕方そのものが抑々《そもそも》間違い」とされる。丸山は福沢の主張は「明白にパラドックスである」と認めるが、そこに「無力感をば、精神の主体性をヨリ強化させる契機にまで転回させた」「福沢の驚くべく強靭《タフ》な人間主義」を指摘する。つまり、真面目と戯れという「二つの側面は相互に補完し合ってはじめて意味を持つのであって、一方だけ切り離された瞬間にそれは誤謬と偏向の源泉となる」というわけである。

もし戯という面がそれ自体実体性を帯びるとそこからは宗教的逃避や虚無的な享楽主義が生れるし、真面目という面が絶対化されると、現在の situation に捉われて自在さを失い易い。真面目な人生と戯れの人生が相互に相手を機能化するところにはじめて真の独立自尊の精神がある。

（強調原文）

要するに丸山は、福沢の強靭な人間主義に着目し、その二面性を、矛盾を矛盾として認めながらそれを束ねる心の「機能化作用」で説明する。丸山の立場は後ほど問題にする「体用《たいゆう》論」に近い。

三番手は、岩波版『福沢諭吉選集（第十一巻）』（一九八一）の「解説」を担当した小泉仰の所説である。小泉は『百話』と『福翁百話余話』に福沢の「裏面像」を見いだし、「戸惑いと不思議の念を感ぜざるをえない」と率直に白状する。そしてこの両書のあいだにも「奇妙なコントラスト」を発見して、『余話』が正面像を、『百話』が裏面像をかかげていることを指摘する。特に小泉は『百話』の独自性として宗教論の多さを挙げている（数にして二十二話にのぼる）。しかもその「宗教論は他の著作には見られない福沢自身の宗教哲学を含んでいる」と注意する。こうした宗教哲学を踏まえた福沢の転回を説明する小泉のエッセンスを抜き出せば、次のとおりである。

天は自然であり、天を前にした人間は「転《うた》た自身の微些無力を悟る」しかないのである。こうした天の内容は、人間が窮理の方法によって太極である天理に到達できると考えた朱子学の天を越えている。それは、ある種の仏教的ニュアンスさえともなった超越者である。〔……〕人間を蛆虫や朝露のように無力で、はかない存在とみるのは、『百話』の中で福沢が一種の仏教的無常観に共鳴したことを示している。こうした無常観は、他の著作には見られなかったものである。〔……〕『百話』以前の独立自尊を原理とした福沢の人間中心主義が、『百話』において百八十度の転換を遂げ、無常観を中心に置いた蛆虫的人間独立観へと変質したともいえるであろう。

ご覧のとおり小泉は福沢の転回を主に仏教への共感によって説明している（じじつ、福沢は晩年、自家の仏教である浄土真宗に注目している）。しかし、いやむしろ朱子学だと主張する人もいる。

最後に竹内整一。竹内は幕末期からの「自己超越の思想」の流れに福沢を位置づけながらそこに「矛盾」を見とどけ、次のように指摘する。「人間存在を徹底して卑小化・無意味化して捉えようとする考え方と、いわゆる「天賦人権」論に基づいて人間を至尊のものとして捉えようとする考え方との「矛盾」、両者は一体どうつながるのか、といった問いが潜在している」（『自己超越の思想』2「啓蒙としての近代自己——福沢諭吉の「独立自尊」」）。もっともな指摘である。しかしながら、こうした福沢のなかに「陽明学的」エートス（天—自己）の残滓を見るべきだろうか。つまり、「その「独立」のよってたつ最後の根拠は、啓蒙として説かれた主客対立の反省的な「近代理性」というよりはむしろ、その奥底に保有されていた万物一体・主客統一に連なる反省以前の先天的能力・働きといったものに帰せられていたとみるべきであろう」か。福沢はそんなに底の浅い近代主義者だったのだろうか。福沢のなかに見られる「儒教的なもの」「仏教的なもの」を「残滓」と見るか、それとも「再評価」「再受容」と見るか。言い換えれば、「東洋的なもの」と西洋主義の関係をどう捉えるかだ。難しい問題である。

◆「安心法」と体用論

いずれにしても、「安心法」については不明な点が多い。その一端の責任は確かに福沢の説明不足に帰すべきだ。じじつ、本人自身もその必要を感じ、次のような釈明を試みている。

初めには人生を戯《たわむれ》と称して死も亦《また》驚くに足らずと云いながら、渡世の法に至れば生を愛し死を悪《にく》み辛苦《しんく》経営して快楽を求めよと勧む、前後不都合なるに似たれども、元来人間の心は広大無辺にして、能《よ》く理窟の外《ほか》に悠然たるを得べきものなり。（『百話』十）

これはかなり苦しい説明である。この説明を前にして竹内が「いなされ」たと感じたのは当然だろう。人間の心は「なんでもあり」の大きなキャパシティーをもっているので、「理窟の外《ほか》」、論理にはずれた、矛盾するふるまいも許容するというのだから。人間の言動は必ずしも理屈では割りきれるものではない。もちろん、そういう立場はありうる（そのためにはそれなりのしかるべき理由を挙げなければならない）。ただ、一方で「独立自尊」を掲げる論者の弁明としては説得力に欠ける。いつもの明哲な福沢に似合わない歯切れの悪い説明である。

問題は福沢の「こころ」に対するスタンスをきちんと押さえることだろう。

ところで、福沢は「安心法」の論拠として「人間の心は広大無辺なり」とは別の論拠も援用している。心を本体と作用に分けて説明する体用論《たいゆう》である。

浮世を軽く視るは心の本体なり。軽く視るその浮世を渡るに活撥なるは心の働《はたらき》なり。内心の底に之《これ》を軽く視るが故に、能《よ》く決断して能く活撥なるを得べし。（『百話』十三）

蓋しこの人を蛆虫として軽く視るは心の本体にして、その霊妙至尊を認るは心の働《はたらき》なり。能く能くこの処を区別して、扨《さて》人間を霊妙至尊の者なりと決定《けつじょう》する上は、その位に相応する丈《だ》けの働なきを得ず。

（『百話』十七）

体用論は朱子学に由来する発想だが、福沢と同時代の洋学者は若い頃にはこの学問に親しんだ者が多い。こうした傾向を踏まえて、先に紹介した小泉は「福沢も若いときに朱子学を学んでいたから、体用の論理を心得ていたにちがいない。そして心の本体と心の働きという二重構造として真如実相を表現しようとしたのである」と述べている。つまり「安心論」は仏教的無常観を「体」としながらも、無常の世を真剣に生き抜く蛆虫の本分を「用」とする一種独特な体用論にほかならない。「一種独特な」という形容をあえて冠したのは、やはりこの説明に無理があると私には感じられるからだ。ほんらい矛盾する発想であるところの、仏教的なものと朱子学的なものを強引に強力な接着剤で貼り合わせたという印象をどうしても払拭しえないのだ。理論武装はしているものの、心のありようを矛盾したままでそっくりそのまま認めている点で、体用論も「心は広大無辺なり」と同工異曲である。

◆「こころ」の東西比較論

福沢のここまでの説明を聞いていると、どうやら「こころ」に関して福沢は、心をきっちりと構造化しないでファジーに捉える東洋的＝日本的な立場に拠っていると見なしていいようである。ヨ

ヨーロッパ語の心の座

	魂（霊的座）　/	精神（知的座）　//	心（感情的座）
英語	soul/spirit	mind	heart
仏語	âme	esprit	cœur

ーロッパでは心の座を、あるいは心臓に、あるいは脳に見る傾向が見られる。そして「脳」派が優勢となって現代に至っている。いずれにせよヨーロッパの心の座は一点に局限化＝特定化される傾向を見せていることに注目すべきだろう（周知のようにデカルトは脳中の極小な「松果腺」にまで絞り込んだ）。このことは言葉の面でも追認される。

上の表のとおり、ヨーロッパ語の「こころ」は「理知的な」領域と「感情的な」領域に截然と分けられた二極構造である。それにひきかえ、東洋的＝日本的な「こころ」にははっきりとした中心軸（極）がない。非-中心的というか多極的というか、とにかく中心がぼやけている。東洋的＝日本的な「こころ」は五臓六腑に偏在しているといえるだろう。

福沢本人が語ろうとしないことを聴き取るために、ここで迂回を試みる必要がある。私は、福沢に遅れること一世代の南方熊楠《みなかたくまぐす》（一八六七―一九四一）の西洋文明へのスタンスを参照する。両者とも西洋の学問と東洋の学問（和漢）に造詣が深かった。わけても熊楠は博物学、文化人類学、民俗学、宗教学などに明るい博覧強記の桁外れの学者で、海外でも大活躍し、明治という時代に日本と世界の両方に軸足を置きえた稀有な人物だった。こうした人物を追うことによって、福沢の立ち位置がおのずとあぶりだされてくるはずである。

熊楠は心を摩訶不思議なものと捉える。

> ここに一言す。不思議ということあり。事不思議あり。物不思議あり。心不思議あり。理不思議あり。大日如来の大不思議あり。予は、今日の科学は物不思議をばあらかた片づけ、その順序だけざっと立てならべ得たることと思う。
>
> （中沢新一編《南方熊楠コレクションⅠ》『南方マンダラ』）

ここに見られるのは、西洋の科学は「物不思議」の解明には大いに成果を上げたが、「心不思議」の解明は手つかずの状態だとの判断だ。そこで、すでに第一章で見たように熊楠は「心界」と「物界」が交差する「縁」に注目したわけである。「今日の科学、因果は分かるが（もしくは分かるべき見込あるが）縁が分からぬ。この縁を研究するがわれわれの任なり」（強調原文）。

「心は広大無辺なり」とか「こころ」体用論を引き合いに出す福沢は、確かに西洋近代に限界を感じとっていたのではあるまいか。特に「こころ」の方面では。そのことを確認するために福沢の近代主義を洗い出しておこう。

◆福沢の欧化主義のしたたかさ

いうまでもなく福沢は維新直後の時期においてもっとも影響力を及ぼした「西洋化」の啓蒙家で

あった。その歴史的役割は加藤周一の次の発言に集約されるだろう。

一八七〇年代の日本で、福沢諭吉の思想家としての独創性は、国内の民主主義の必要と対外的な国の独立の必要とを結びつけ、まとめて理解することのできるような立場を発明したということに、あるだろうと思う。

（「福沢諭吉と『文明論之概略』」）

欧米列強の侵略主義の恐ろしさを知る福沢はその思想的軸心を「国内の民主主義の必要」から「対外的な国の独立の必要」へと移した。たとえば、「対外的な国の独立の必要」を優先させて自由民権運動の主張を時期尚早と反対した。そして、しだいに国家主義者へと変身したことは争えない。こうした転向を批判する向きも多いが、福沢はもともとプラグマティストである。状況に応じて説を変えることは、むしろ当然の成りゆきだろう。

『西洋事情』（初編、一八六六年）は二〇万部、『学問のすすめ』（一八七二—一八七六年）は十七編を合わせて三四〇万部という、当時としては破格の驚異的な売れ行きをみせた。いかに福沢の著作が文明開化を望む広範な読者層をつかんだかが分かる。福沢は自分の生涯の使命を、「我輩の多年唱道する所は文明の実学にして、支那の虚文空論に非ず」と要約している（『百話』三四）。では、彼によれば西洋の実学と東洋の虚学の違いはなんであったのか。それはひとえに「物理学（自然科学）の根本に拠ると拠らざるとの差異あるのみ」とされた。自然科学は「有形の物理」（不変の真理）を求めて着実に日進月歩する。自然を観察し、そのメカニズム（法則）を解明すべく仮説を立て、それを実験によって検証する。科学とは仮説とその検証という試行錯誤の歴史にほかならない。それにひきかえ東洋の学問は「無形の論理」に従っていて、政治、経済、道徳論などに見られるように「昨非今是《さくひこんぜ》」である（『余話』十七）。時代と文化を異にすれば、その評価が一定せず、大きく変わりうる（『百話』十七）。

福沢は「文明開化」の必要性を熱っぽく唱道した近代主義者であったけれども、ほかの人たちのように決して「西洋一辺倒」ではなかった。『学問のすすめ』と『文明論之概略』を繙けば、彼が「西洋」を理想化していなかったことがよく分かる。特に『学問のすすめ』の十五編「事物を疑って取捨を断ずる事」には彼の西洋文明に対する是々非々の姿勢がよく示されている。西洋一辺倒の「開化先生」を槍玉に挙げて、西洋の悪習でもそれが舶載とあればありがたがる軽信ぶりを、東西の風俗習慣の取り替えばや話（入浴の習慣、鼻のかみ方などなど）で痛烈に皮肉っている。「西洋の文明は我国の右に出《いず》ること必ず数等ならんと雖《いえ》ども、決して文明の十全なるものに非《あら》ず。その欠点を計《かぞ》うれば枚挙に遑《いとま》あらず」とか「西洋の文明固《もと》より慕うべし、これを慕いこれに倣わんとして日もまた足らずと雖ども、軽々これを信ずるは信ぜざる優に若《し》かず」とか、西洋文明の受容にあたっては慎重であれと忠告している。『福翁自伝』のなかで福沢が東洋にないものとして西洋からぜひ取り入れなければならないと強調したのは「有形において数理学〔自然科学〕と無形において独立心」、この二つである。

独立心の欠如を学問についていえば、神道、仏教、儒教に対する不信・批判は、その権威主義

（旧套墨守）に起因するところが大きい（すでに見たように晩年には仏教的無常観を受け容れるけれども）。悲憤慷慨のあまり「虚文空論」と批判するにとどまらず、さらに「腐儒の腐説」の一掃こそが自分の使命だとまで言い切る（『福翁自伝』）。

要するに、福沢は見るべきところはちゃんと見ていたということである。つまり、西洋文明が絶対・完全ではないこと、西洋人が道徳的に多くの欠点をもっていること、この面では日本人は決して西洋人に比べても遜色がないこと、など。なぜ福沢はこうした是々非々の柔軟な姿勢をとることができたのか。それは西洋仕込みの合理的な物の見方を当の西洋に対しても適用したからである。

◆福沢における「日本的なもの」

福沢の物の見方は次の三つの特徴にまとめることができる。

（1）実証的（試行錯誤的）であること
（2）相対的（複眼的）であること
（3）進化的（進歩的）であること

なるほど福沢の思想は徹底的《ラディカル》ではあったけれども、急進的《ラディカル》ではなかった。精密で体系的であるよりは的確で現実的＝実際的であることを旨とした。こうした物の考え方をする人間が東洋の学問にも見るべきもの、取るべきものありと考えるのはけだし当然だろう。熊楠と同じように西洋科学の限界を見て取り、東洋の「こころ」を見直したことは大いにありうる。福沢にはそれができる基盤があった。彼は漢籍を深く読み込んでいて、若年時にすでに「一ト通り漢学者の前座ぐらいにはなっていた」と述懐する（これは謙遜である）。その文章を読めば漢籍の深い素養が滲み出ている。中途半端な教養は害あって益なしだが、本当の教養は物の見方を教える。福沢は漢籍を深く極めたからこそ西洋の学問がよく見透せた。同様に西洋の学問を究めたので東洋の学問もよく見えてきた。そして福沢は追って見るように「こころ」だけでなく、別のコンテクストでは「天」とか「造化」とか「天道」とか「宇宙」とかを持ち出すことになる。福沢のなかに見られる「東洋的なもの」「日本的なもの」についての先ほどの態度保留（無記）をここで取り下げる。それは「残滓」ではなくて「再評価」であり、「再受容」である。

それに、日本的思想の伝統には人間＝蛆虫論を生み出す古層みたいなものが確かにある。「一切《いっさい》衆生悉有仏性《しゅじょうしつうぶっしょう》」という大乗仏教に特有の考え方がある。仏性については教派によって認めたり否定したり、認めるにしてもその範囲をどこまで認めるかで論争があったが、天台宗では積極的に認める立場を取り、時代がくだると、衆生（人間）に限らず、山川草木や生類《しょうるい》のすべてに仏性があるとする考え方も生まれた。福沢家の宗派は天台宗の流れを汲む浄土真宗なので人間を小さな「生類」と同列視するのに抵抗感がなかったのかもしれない。それに、日本の伝統を強調する国学には人間＝虫けら観は決して珍しくない思想である。たとえば参考のため賀茂真淵と平田篤胤の発言を引いておく。

凡《おおよそ》天地の際に生《いき》とし生《いけ》るものは、いな虫ならずや。それが中に、人のみいかで貴く、人のみいかむ（如何）ことあるにや〔人だけがどうして虫でないことがあろうか〕。（賀茂真淵『国意考』）

人も禽獣も天地の腹中にわきたる虫にて天地の父母の心より見れば更に差別は有るまじきなり。然れば万物の霊など云ふも戎人《からびと》の我誉《ほめ》に云へる言にて、人は万物の上と云ふ証拠は更に無き事にあらずや。（平田篤胤『呵妄書』）

◆「安心法」とレンマの論理

福沢のような物の見方をする人間が、同時に人間性の鋭い観察者であることは多言を要しないだろう。その人間観は清濁あわせもつ、したたかなものだ。善人と思われていた人間が悪をなす。悪人と思われていた人間が善をなす。人間の心には悪心と善心が同居することは矛盾でもなんでもない。人間とは所詮そんな危うい存在なのである。だからこそ「本気に」「真面目に」身を節し、身を律しなければならない。

してみれば、「安心法」は福沢一流の悟りの境地であり、「偶然の必然化」にほかならない。人間を蛆虫になぞらえることは、人間にしがらみのようにまといつく欲念・虚飾（煩悩）を捨て去った無欲・無心の境位を自嘲的＝反語的に表現したものである。すでに引いた「能《よ》く理窟の外《ほか》に悠然たるを得べきものなり」（『百話』十）という言葉は福沢が「レンマの情理」に従っていることをよく物語っている。「ロゴスの論理」（理性的認識主体）からすれば人間はつまらない存在（蛆虫）であるが、「レンマの論理」から捉え返せば大した存在になる。福沢は常識を突き抜ける。福沢は説明に窮したが、「安心法」は例のテトラレンマ（四段論法）を適用すれば実にすっきりと説明できるのだ。

（1）人間は霊妙至尊である。
（2）人間は蛆虫である。
（3）人間は霊妙至尊でもなければ蛆虫でもない。
（4）人間は蛆虫にして霊妙至尊である。

同じことを「逆説」で言い直せば次のようになる。「人間は蛆虫だからこそ霊妙至尊である。」人生についてもテトラレンマが適用できるが、ここは「逆説」だけにとどめておこう。「人生は戯れだからこそ真面目に生きるに値する。」

近代主義者の福沢のなかに「レンマの情理」が見いだされることは面白い発見である。

◆福沢のカオス理論

人間を「蛆虫」と見、人生を「戯」と見る人間が偶然性に敏感であることは論を待たない。それを裏書きするように、福沢はしばしば「偶然」なる語を使う。そして偶然性の問題は、彼のなかにある「西洋的なもの」と「東洋的なもの」の結節点で生まれてくる。

福沢の偶然意識は、マクロの視点とミクロの視点の融通無碍なシフトにその特色が見られる。ある時はミクロの視点を取るかと思えば、次の瞬間にはマクロの視点に転じている。その格好の例が、第一章で俎上に載せた「カオス」理論を先取りしたような、『百話』十九の次のような主張だ。すなわち、「大海の一滴」「九牛の一毛」といえども「決して等閑に附すべからず」である。

たとえば、ある人が大地を踏む。その影響がまわりの石や木に及ぶことはいうまでもないが、さらに遠く地球全体、他の天体にまで達するかもしれない。すでに紹介した「アマゾンを飛ぶ一匹の蝶の羽ばたきが、遠く離れたシカゴに大雨を降らせる」バタフライ効果とまったく同じことを述べている。ただ、その気宇壮大さには瞠目するばかりである。福沢という人間のスケールの大きさを改めて思い知らされる。

しかも、さらに驚かされるのは、こうした着想がひとえに論理的な推論のなせる業であるということだ。「唯《ただ》人類の目に見えず又《また》器械を以《もっ》て測量すべからざるのみなれども、理に於《おい》ては則《すなわ》ち然《しか》らざるを得ず。」有形の物（物理的世界）に当てはまることは、「理に於て異なることあるべからざれば」とうぜん無形の事（こころ）にも当てはまる。ここに見られるアナロジーの自由奔放さは驚くばかりである。

そして最後に「人間の言行を慎しむべきは勿論、その一言一行仮令《たと》い訳《わ》けもなき戯にても無頓着にすべからず」という教訓が引き出される。最初（初期値）のちょっとした判断ミスがめぐりめぐって大きな禍根を残すからだ。「因小果《いんしょうか》大《たつ》」である（『余話』十五）。マクロの視点がいつのまにかミクロの視点にシフトしている。見事である。

◆マクロの視点

まずマクロの視点から見てゆくことにしよう。

ここで対象になるのは宇宙とか地球とか自然とかで、主に科学が問題になる。知力（人間）と有形の事物（造化）の関係である。福沢は近代科学の目覚ましい成果（発見・発明）を手放しで礼讃している。文明の進歩に関しては一点の疑いも抱いていない。彼のいわゆる「黄金世界の時代」（『百話』六）の到来である。彼によれば科学の使命は「造化と争う」こと、これ以外にはない。「文明開化」とは自然（造化）の法則を発見し、その成果を人間のために大いに利用することだ。つまり「文明開化」とは自然を支配することなのである（『百話』十七）。科学の着実な発展、人類の無限の進歩に対する手放しの楽観主義は次のような発言に照らしても明らかだ。

人の精神の発達するは限《かぎり》あることなし、造化の仕掛には定則あらざるはなし。無限の精神を以て有定〔有限〕の理《ことわり》を窮め、遂には有形無形の別なく、天地間の事物を悉皆《しっかい》人の精神の内に包羅〔網羅〕して漏《もら》すものなきに至る可《べ》し。

（『文明論之概略』）

ただ、福沢が長いスパンで文明の発展、人類の進歩を考えていることには注意しなければならない。そのとき「天道」（天然・自然の道理）の「洪大無辺」や「宇宙の遠大」という東洋的な言葉が近代主義者の口をついて出る。

天道の約束緻密《ちみつ》にして固しと云うと雖《いえど》も、その規模洪大無辺、尋常一様の人智を以《もっ》て窺《うかが》うべきに非《あら》ず、浮世一時の小智徳と小名利と相互《あいたがい》に照応せざることあればとて、直に之を天道に帰して是非を論ずるが如きは、未《いま》だ宇宙の遠大を知らずして評価を誤る者と云うべきのみ。

（『百話』五〇）

◆ミクロの視点

マクロの視点で天＝宇宙を視野におさめ、ミクロの視点で人間を捉え返す。人間存在の「小ささ」をしっかりと見すえる。人間＝蛆虫的発想が生まれるゆえんである。この発想の原点には福沢の出自が一枚絡んでいることも忘れるべきではない。福沢は豊前中津奥平藩の士族の出である。士族といえば聞こえはいいが、足軽よりはましであるけれども、士族中の最下級の身分だ。下級ゆえに才能がありながらも不遇をかこった父親は末の息子を、才能がありさえすれば大僧正になるのも夢ではない坊主にしようと考えたという（だが、その父親は諭吉が生まれてまもなく死ぬ）。亡父の煩悶・無念を思いやり「私のために門閥制度は親の敵《かたき》で御座る」と福沢は公言してはばからなかった（『福翁自伝』）。「日本にて権力の偏重なるは、洽《あま》ねくその人間交際（社会）の中に浸潤して至らざる所なし」と（『文明論之概略』）、大は政府から小は家族まで権威主義の非を鳴らした人間には「下から」の視点が可能であった。

　人間を蛆虫と見なし、ミクロの視点を採りうる福沢には西洋人一流の「人間中心主義」が見られないことは注目すべき事実である（ここで言う「人間」とは実際はヨーロッパ人のこと）。「人間中心主義」のない西洋主義――これは撞着語法（形容矛盾）である。しかし福沢のばあい問題になるのはそういう西洋主義なのだ。ここが肝心の押さえどころである。

　科学には非情の論理が働く。真理の解明とあらばなんでも許されるといった思い上がり（科学至上主義）がなきにしもあらずだ。そして周りがまるで見えなくなり、歯止めがきかなくなる。自然支配に驀進した西洋近代科学の傲慢のつけを「環境破壊」という形で現代社会は支払わされている。先ほど言及した南方熊楠が「不思議」ということばを連発していたことを思い出そう。これは熊楠の天地自然を前にしての謙虚さのあらわれだ。人間は神ではない。人間は人間の「分際」を知らなければならない。この自戒を、近代科学の遠い淵源であるギリシア人はデルフォイの神殿の扉に書き記していた。「なんじ自身を知れ」と。この文句を、後世は自己探究の勧めと曲解したが、もともとは神たらんとする人間の傲慢さを戒めた言葉である。近代西洋の科学主義はこの神託を無視しつづけた。環境問題に対する欧米諸国の「腰の引けた」取り組み方を見ると、現在でも本当に悔い改めたとは思えない。

「天道」の「洪大無辺」や「宇宙の遠大」を口にする人間には、天地自然を前にしての謙虚さがある。人間が天地自然の主人ではない。生きとし生けるもの、一木一草と同じ「生類」(生き物)である。福沢には東洋的というよりは日本化した仏教の発想が息づいている。世界的に見て、日本人の「動物」に対する思い入れはかなり独自である。ヨーロッパはむろんのこと「大陸」や「半島」と比べてみても。「人間中心主義」──これが理解できないとヨーロッパの本質に迫れない。福沢はそれがよく分かっていた。そしてまた、その力とその恐ろしさが。だから、これだけは願い下げにしたのである。

◆肉食の思想

ヨーロッパ文明において「人間中心主義」は意外な形で現象する。それだけにこの問題の根深さが痛感されるのだ。

鯖田豊之著『肉食の思想──ヨーロッパ精神の再発見』は、日本にしっかりと軸足を置き、「日本の尺度」でヨーロッパの歴史を読み取った好著である（二〇〇七年に「中公文庫」で復刊された）。その暗号解読格子は「肉食」である。そのユニークな主張を私なりに要約すれば次のようになる。

日本の場合と違ってヨーロッパの国土は、その多くは農業に適した沃土でなかったので、食料を穀物だけでまかなうことができなかった。勢い、不足分は肉に頼るしかない。したがって、ヨーロッパには日本のように「主食」「副食」という明確な観念はない。肉と穀物の二本立てである。さいわい、ヨーロッパは寒冷の気候のせいで植物の成長が抑えられ、草が柔らかな状態に保たれるため牧畜の飼育に向いていた。

日本人が食する魚類と異なり、牛や馬は生態的に人間に近い。高等動物を屠殺することには少なからず良心の呵責がともなう。いかにしたら人間との距離が近い動物を「殺す」論理が構築できるか。この問いに答えることはヨーロッパの人びとにとってそれこそ死活の問題であった。そうして、あれこれ考えても、その答えは一つしかなかった。人間と動物の間に序列を設けて、両者の断絶を強調することである。ここからヨーロッパ独特の動物に対する「人間中心主義」が形成されることになる。その見事な結果＝成果がキリスト教である。

『聖書』「創世記」（九–三）には「動いている命《いのち》あるものは、すべてあなたたちの食料とするがよい」という神のありがたいお言葉がある。「牛や豚は人間に食べられるために神さまがつくってくださった」というわけである。だからヨーロッパの老若男女は頭や手足のついた肉をなんの抵抗もなく食べる。人間に食べられる動物は大切である。心をこめて育てた上で、ありがたく頂戴する。一点のやましさもない。人間と動物は本質的に違う生き物であるからだ。もちろん、無用な屠殺が禁じられていることは言うまでもない。

ここでヨーロッパで盛んな動物愛護の運動と肉食の思想の関係が問題化するはずだと、われわれ日本人なら考える。だが、予想に反して、動物愛護と肉食はヨーロッパ人のなかでは必ずしも矛盾するものではないのだ。どうしてか。彼らのなかでは「食べられる」動物とそうでない動物とがはっきり線引きされているからだ。動物愛護運動が問題にするのは、非食用性の動物、いわばペット的動物に対する残虐である。食用に供される動物に対する残虐は、残虐と意識されないのである。「人間中心主義」こそが「肉食の思想」を正当化する。肉食の思想は人間中心主義のバリエーションである。仏教発祥の地、インドではこの思想は通用しないが、ヨーロッパほどではないにしても「大陸」と「半島」にはある程度あてはまるだろう。

◆人間中心主義のバリエーション

鯖田の『肉食の思想』は「ヨーロッパ的なるもの」を「再発見」させる刺激的な書物である（未読の読者はぜひお読みください）。この本から離れて、キリスト教と仏教の戒律に目を転じても、そこに「生き物」に対する東西のスタンスの違いが見えてくる。

問題になるのは「モーセの十戒」の第6戒と仏教の「五戒」の第一戒である。

［6戒］ あなたは殺してはならない。

［一戒］ 不殺生戒

日本人はあまり注意しないが「十戒」には、実は重要な前文があるのだ。そこで神は自己紹介をし、自分の施した恩恵に注意を喚起する。「わたしはあなたの神、主《しゅ》であって、あなたをエジプトの地、奴隷の家から導き出したものである。」慈悲深い仏様とは違い、ここに見られるのはえらく高飛車で恩着せがましい神の姿である。さらに注意すべきは神が人間に対して「あなたがた」ではなく「あなた」と呼びかけていることだ。つまり神はあくまでも個人と契約を結ぼうとしているわけだ。「十戒」は神と人間との間の一対一の契約なのだ（西洋の契約思想の原点だ。それからまた、ここから神の前における人間の平等という発想が胚胎し、それが後に「神抜きの」近代的平等思想へと発展する）。つまり「十戒」は一般論を展開しているわけではなく、個人に向けて命令の実行を強要しているのだ。それは絶対的に守らなければならない命令である。命令に反すれば神の怒りに触れ、身の破滅が待っている。

仏教でも同じような行為が俎上に載せられているが、その戒律の禁じ方はまったく異なっている。仏教の戒をキリスト教的に解してはならない。『仏教・インド思想辞典』（春秋社）の「戒」の項の記述を次に写す。

戒とは、本来、自発的に悪から遠ざかることであり、単なる禁止的な条項ではない。自発的に悪い行為を離れる精神力あるいは強い意志である。悪を抑制し、コントロールする自覚的な力である。また、戒を繰り返し守り、それを身にしっかりつけることである。

仏教の戒は「～するのが望ましい、～になるよう努力しなさい」くらいに受け取るのが正解なのだ。あくまでも努力目標だ。このことは、問題の「不殺生戒」を徹底して考えてみれば、納得がゆくはずだ。この戒は生きとし生けるものを想定し、その命を奪ってはならないと命じている。これはあくまでも建前でしかない。これをまともに実行すれば、人間は一日たりとも生きてはいけないからだ。また、中途半端に実行すればとんでもない滑稽な事態を引き起こすことは、江戸幕府五代将軍徳川綱吉が発布した「生類憐《しょうるいあわれみ》の令」を想起すれば思い半ばにすぎるだろう。

それに引き替え、キリスト教の戒はその気になれば実行可能である。第6戒「あなたは殺してはならない」は一切の生き物ではなく、人を殺すなかれと禁止しているだけなのだ（英訳は“You shall not commit murder.”）。動物のことなど初めから眼中にない。実行しようのない一般論など論外である。嘘についても事情は同じだ。

［九戒］あなたは隣人について、偽証してはならない。

［四戒］不妄語戒

仏教は嘘一般を対象としているが、キリスト教は法廷で偽りの証言をしてはいけないと命じているだけだ。つまりキリスト教と仏教では「戒」の意味内容が全く異なっているのである。

あまり注意されることがないが、ヨーロッパの通りのネーミングは独特で、人名を冠したものがじつに多い。たとえば国民的詩人にちなんだ「ヴィクトル・ユゴー通り」はフランス国内に一体いくつあるのだろうか。『ライフ』に代表されるように雑誌の表紙を人の顔写真が飾る。あるいは美術のなかに占める肖像画・人物画の比重の大きさ。妙な図柄が幅をきかす雑誌の表紙や、花鳥風月が重きをなした日本画との違いは際だっている。

こんなふうに彼我を比較してみると「人間中心主義」がヨーロッパ文化の隅々にまで行き渡っていることが了解される。

「人間中心主義」の思わぬ余波としてファーブル『昆虫記』の日仏における落差を挙げることができる。

一般のフランス人は犬や猫より小さい生き物にはほとんど関心を示さない。彼らが興味を示す「小さな動物」は、甘さ（蜜）をもたらすミツバチときれいな蝶々くらいだろうか。薄気味の悪い昆虫などに興味を示したらそれこそ「変人」扱いされるのが落ちだ。日本人が風情を感じる虫の声や小動物の鳴き声は「雑音」でしかない。つまり、フランス人と日本人とでは「小さな生き物」に対するスタンスの違いが見られるわけだ。ファーブル『昆虫記』は「小さな生き物」が好きな日本人によって今でも読み継がれているのに対して、「小さな生き物」にまるで関心のないフランス人には読まれなくなって久しい。この落差は「人間中心主義」の根深さを痛感させる。人間＝蛆虫論など狂気の沙汰である。

「心〔の〕広大無辺」「宇宙の遠大」を問題にする福沢の、人間を相対化する視点、造化に対する謙虚さの意味をはっきりさせるために、ヨーロッパ文化を支える「人間中心主義」の論理をたどってみたが、いささか深追いしすぎたようだ。他意はない。ただ、西洋文明における「人間中心主義」の功罪、特にその怖さについて警鐘を鳴らしたかったからだ。西洋文化を相対化する視点の定位。現在われわれが福沢に学ばなければならないのは、西洋文化に対する福沢の是々非々のスタンスではないだろうか。

◆福沢の歴史観

話を本題に戻そう。

要するに、福沢はマクロの視点では天道（造化）の必然性（法則性）を認めている。では、ミクロの視点に立つとどういうことになるのか。すでに軽く触れたように偶然を容認することになる。歴史と人生における偶然の介入を福沢は繰り返し強調する。この論点をその歴史観において見ることにしよう。

儒教や神道の尚古的＝懐古的歴史観を福沢は断固拒否して、ヨーロッパ流の進歩史観を奉ずる。ただ、歴史的な事実を説明するにあたって因果論的あるいは目的論的必然性に訴えない。たとえば英雄や政府の意志・意図が歴史の流れを決定するのではなくて、むしろ一般大衆の「知力」（民意）が歴史を作る動因であるとした。福沢がよく使うことば、「時勢」がよくそのことを示している。「英雄英傑」も時に遇《あ》わなければ挫折・敗北する。孔子や孟子が世に容れられなかったのはその好い例である。時代の勢いにうまく乗れば、下賤の生まれの秀吉のような人物でも天下を取る。秀吉の「大事業」を説明するにあたって福沢は「偶然」を引き合いに出す。世の歴史家（正史）はなにか理由（たとえば秀吉の大志）を探しだして「大事業」の必然性（そうなるべくしてなった）を説くが、それはおかしいと福沢は難詰する。木下藤吉郎が主人の金子《きんす》六両を盗んで故郷を出奔したとき、彼の胸中に天下取りの大志など寸毫もなかった。「偶然に成らざるものなく」して、すべては時代の勢いであった。「大志ある者とて必ずしも大業をなすに非ず」「偶然の勢《いきおい》に乗じて遂に大事業をも成すものなり」（『文明論之概略』）。

◆「みずから」の選択から「おのずから」の選択へ

英雄英傑にしてこういう事情であれば、いわんや一般大衆においておや、だろう。能力ある人が必ずしも成功するわけではない。また、才覚ある人がいつも金持ちになるわけでもない。人事には運・不運がつきものだ。

元来今の富豪が今の財産を得たる所以《ゆえん》は、本人の智力勉強に相違なしと雖も、自《おのず》から高運の然《しか》らしむる所にして、その大半は浮世の廻《めぐ》り合せに首尾能く相投じたる僥倖の賜《たまもの》と云わざるを得ず。如何《いかん》となれば、人間社会に智力勉強を均《ひと》うし艱難辛苦を一様にして、貧富の相違天淵《てんえん》も啻《ただ》ならざるもの枚挙に遑《いとま》あらざればなり。左《さ》れば人生の偶然に得たるものは亦《また》偶然に失うことあり。（『百話』六六）

こうした事態にどう処したらいいのか。「人事を尽くして天命を待つ」ことだ。その要諦は、ミクロの視点からマクロの視点に切り替えることである。福沢は言う。天道は広大であり、因果応報はしばしば齟齬することがある。卑小な人間の判断力でもって人智を越えた天道のふるまいを推し量ってはならない。その無謬性を信じて人間の分を尽くすこと、また、マクロの視点に立って、先人の「辛苦《しんく》経営の功徳《こうとく》に報じ」、「後世子孫の為めには文明進歩の緒《ちょ》を開かん」と励むことである（『百話』五）。

むろん、福沢とて大事業、栄達、蓄財などについて個人の才覚や能力、実力を不問に付するわけではない。しかし上来述べてきたように、基本的には人事は偶然に大きく左右されると考えていた。みずから事を決しようとしてもなかなか自分の思い通りにはならない。どうしたらいいのか。いちいち構えて選択しないでも済むように、選択を習慣化してしまうことだ。「習い性」にしてしまうことだ。構えて選択しないこと、それが最良の選択である。福沢は言う。

少年の時より独り自《みず》から精神を鍛練し、万事万物を迂闊に看過せずして思想の緻密を養い、習慣漸《ようや》く重なりて第二の性を成し、知らず識らずの際に言行の美を致すべきものなり。

（『百話』十九）

要は、「みずから」の選択を「おのずから」の選択としてしまうこと。孔子の云う「七十にして心の欲するところに従えども、矩《のり》を踰えず」の境地なのであるが、実をいえば福沢の到達点はすぐれて日本的なものである。九鬼周造は「みずから」を「おのずから」に転じることに日本的なモラルの真骨頂を見とどけたが、その消息を次のように述べている。

日本の道徳の理想にはおのづからな自然といふことが大きい意味を有《も》つてゐる。殊更らしいことを嫌つておのづからなところを尊ぶのである。自然なところまで行かなければ道徳が完成したとは見られない。その点が西洋とはかなり違つてゐる。いつたい西洋の観念形態では自然と自由とは屡々《しばしば》対立して考へられてゐる。それに反して日本の実践体験では自然と自由とが融合相即して会得される傾向がある。自然におのづから迸り出るものが自由である。自由とは窮屈なさかしらの結果として生ずるものではない。天地の心のままにおのづから出て来たものが自由である。自由の「自」は自然の「自」と同じ「自」である。「みづから」の「身」も「おのづから」の「己《おのれ》」もともに自己としての自然である。自由と自然とが峻別されず、道徳の領野が生の地平と理念的に同一視されるのが日本の道徳の特色である。

（九鬼周造『人間と実存』「日本的性格」）

マクロの視点ではヨーロッパの合理主義（進歩の思想）をあくまでも信じて、人間の辛苦勉励を説き、その一方で、ミクロの視点では非「人間中心主義」（人間＝蛆虫論）を説く福沢のなかに、私はプラグマティストの絶妙なバランス感覚を認める。毒舌家、山本夏彦は日本人を評して次のように喝破した。「日本人とは何か、ひと口で言ってみる。それは「にせ毛唐」だ。西洋人になりたくてなりそこなったものだ」（『良心的』）。その尻馬に乗って福沢を形容すればヨーロッパに心酔しながら「ヨーロッパ人になろうとしなかった日本人」である。そのしなやかな是々非々のスタンスを「国際化」時代に生きるわれわれは見習うべきであろう。

思うに、東洋の学問であれ西洋の学問であれ、権威に囚われず――福沢の言葉でいえば「惑溺」せず――「自由検討の精神」で物事を考えた福沢の真骨頂をその「安心論」に見ることができる。最後に、「安心論」のエッセンスのような自由闊達な文章を引いて本章の結語としたい。

浮世を軽く認めて人間万事を一時の戯《たわむれ》と視做《みな》し、その戯を本気に勤めて怠《おこた》らず、啻《ただ》に怠らざるのみか真実熱心の極に達しながら、扨《さて》万一の時に臨んでは本来唯是《ただこ》れ浮世の戯なりと悟り、熱心忽《たちま》ち冷却して方向を一転し、更《さ》らに第二の戯を戯るべし。之《これ》を人生大自在の安心法と称す。

（『百話』四四）

第5章

日本語の論理と構造

◆はじめに

日本語は非論理的か。これは古くからある議論だ。明治以来長らくヨーロッパ語（英文法）に範をとった日本語文法論が主流を占めていたが、その後、三上章や時枝誠記《もとき》など日本語の実態に即した文法を構築しようとする動向が見られるようになった。ヨーロッパ語とは別様に日本語は「論理的」なのだという主張である。この傾向じたいは確かに慶賀すべきことである。しかしながら、日本語を特殊な言語と祭り上げようとする、これまた困った行き過ぎが見られなくもない。

はじめに私の立脚点をはっきりさせておけば、「日本語は論理的でもあり、非論理的でもある」というものだ。さらに言えば「日本語は「容」偶然的である」というものだ。以下に示すのは、私の日本語論の素案である。年来、考えてきたことをこの機会にまとめてみた。私に方針のごときものがあるとすれば、それは日本語を「外国語」として突き放して捉え返すことである。長年付き合ってきたヨーロッパ語の視点から日本語をあらためて見直すことである（以下、ヨーロッパ語とは英語あるいはフランス語を主に想定している）。

行論に当たっていちばん注意したのは具体例に就くということである。だから、なるべく例文を多く挙げるように努めた。日本語論はイデオロギーや欧米の言語理論が先行して、ややもすれば抽象論や観念論に流れやすい。それだけは避けたいと思った。私の導きの糸は、先ほども名前を挙げた時枝誠記と三上章である。二人は、必ずしも全面的に意見を共にしない場合でも、刺激的なヒントを与えてくれた。それからまた、ヨーロッパ語の論理で日本語を律してはいけないという一番大切な自戒の姿勢も教えてくれた。

この自戒の姿勢を忘れると、とんでもない事態が招来されることになる。そんなエピソードの一つから、私の日本語論をはじめることにしよう。

◆「ウナギ文論争」

森有正はフランス哲学の研究者であり、パリの東洋語学校で永年フランス人に日本語を教えた語学教師であるが、「うなぎ文論争」の仕掛け人としても知られている。問題の発端は『月刊言語』創刊号（一九七二年四月）と次号でおこなわれた誌上座談会（中村雄二郎、川本茂雄との）での発言である。

たとえば、「さあ、これから何食べましょうか」と、こう言うでしょう。「ぼくはさかなです」それ自体としては翻訳できないわけですよ。「わたくしはさかなを食べます」という意味なんでしょう。「ぼくはさかなです」それを訳すと **Je suis un poisson.** どこにもそんなものはありませんよね。

「ぼくはさかなです」の仏訳を根拠に森は日本語の「非論理性」「非文法性」を言いつのる。森が

「ぼくはさかなです」という日本語に目をつけたのは確かに鋭い。日本語としてはごくありふれた文章であるが、日本語の本質が隠されている問題的な文型であるからだ。的外れの日本語への言いがかりであった森の発言が呼び水となって、多くの国語学者を巻き込んだ一大「ウナギ文論争」に発展したゆえんである。

目のつけどころは実によかったのだが、森は致命的なミスを犯してしまった。それも信じられないような初歩的な文法的ミスである。森は「ぼくはさかなです」をフランス語に訳そうとすれば《Je suis un poisson.》としか訳しようがないというのだが、それは本当だろうか。ほかに訳しようがないだろうか。フランス語を習いたての学生ならいざ知らず、森ともあろうフランス語の達人がこんなまずい対応しかできないとは信じられないことだった。いま「信じられないことだった」と書いたのは、私は目撃証人でもあるからだ。その当時、私は駆けだしのフランス語教師で、『月刊言語』の購読者でもあった。ただ、その初歩的誤りのなかには、ヨーロッパ至上主義者の、日本文化に対する偏見を見ないわけにはいかない。ヨーロッパの論理だけが論理で、日本にはそれがないから「非論理的」と決めつける短絡思考が如実に示されている（森有正の名誉のためにも断っておくが、その深い哲学的思索を私は高く評価している）。

その後の論争で「さかな」は「うなぎ」に変わったので、「ぼくはウナギだ」を例にして話を進めることにしよう。

「ぼくはウナギだ」は普通のフランス語に直せば〈Pour moi, c'est l'anguille (grillée).〉（ぼくにっいていえば（食べたいのは）ウナギだ）になる。〈c'est〉は英語の〈it is〉で、「ぼくが食べる＝選ぶところのもの」を漠然と指している。だから確かにフランス語では〈X est Y〉（X is Y）なのである。

日本語の「XはYである」には二つの用法がある。〈X＝Y〉のタイプと〈X≠Y〉のタイプである。あとのタイプが日本語本来の用法で、前のタイプはその昔オランダ語を翻訳するために作られてものだといわれている。したがってこの二つの用法に注意しなければならない場合が当然でてくる。「ぼくはウナギだ」がまさにその場合で、森は、元の日本語が〈X≠Y〉であるのに、ヨーロッパ語の論理（文法）に従い、〈X＝Y〉と勘違いしてしまった。その結果としてとんでもないフランス語を思いついてしまったのだ。「ぼくイコールウナギ」なんて「どこにもそんなものはありませんよね」になってしまったわけである。

◆日本語はコンテクスト依存的言語である

「ぼくはウナギだ」という文型（X≠Y）には、日本語をめぐるさまざまな問題が隠されている。それをこれから一つ一つ取り出していこう。手始めに日本語が発話環境＝文脈依存的言語であるという点からはじめる（「発話環境＝文脈」は以下「コンテクスト」と呼ぶことにする）。

日本語はすぐれてコンテクスト依存的な言語である。

「ぼくはウナギだ」（X≠Y）という文はいかようにも解釈できる。

（1）ぼくはウナギにする。
（2）ぼくはウナギを食べる。
（3）ぼくはウナギが好きだ。
（4）ぼくはウナギが苦手だ。
（5）ぼくはウナギをつかむ。
（6）ぼくはウナギを釣る。
（7）ぼくはウナギだ。（＝ぼくはウナギのようにぬるぬるして捕らえどころのない人間だ）

「ぼく」と「ウナギ」の関連性を決定するのは文ではなくて、コンテクストだ。日本語とヨーロッパ語の一番の違いは、このコンテクストへの依存度である。日本語はコンテクストから分かるものはなるべく省略する。欠けた部分は受け手が補う。もちろんヨーロッパ語でもコンテクストがものをいう話し言葉であれば、とうぜん省略表現が多くなる。しかし日本語のように過剰に依存することはない。話し言葉でも書き言葉でも、言語化可能なものはなるべく言語化する。分かりきった主語や目的語や所有形容詞などもいちいち言葉にする。日本人から見ればひどく煩わしく思われる（もっともそれが論理的＝文法的なのだとありがたがる向きもあるけれども）。この日本語のコンテクスト依存性がいかに外国人にとって難物であるかを示す一つの興味深いエピソードを紹介しよう。

次の文章をまず読んでいただきたい。

このうちに相違ないが、どこからはいっていいか、勝手口がなかった。

往来が狭いし、たえず人通りがあってそのたびに見とがめられているような急《せ》いた気がするし、しょうがない、切餅《きりもち》のみかげ石二枚分うちへひっこんでいる玄関へ立った。

（幸田文『流れる』強調原文）

この文章は日本語の達者なアルゼンチン人、ドメニコ・ラガナが例に挙げた文章だ。この語学的センスに恵まれた外国人が地球の向こう側で日本語を勉強しはじめた頃、「主語のない」、省略の多いこの文章に戸惑い、解読するのに悪戦苦闘したというのだ。日本人にとってはごく当たり前の日本語が、このアルゼンチン人にとっては謎めいた言葉の連なりと映ったのだ。その悪戦苦闘ぶりを彼は次のように記している。少し長くなるが、外の視点から眺めると、日本語はどんな風に映るのかを知らせる恰好の例なので遠慮なく写す。

下宿の部屋に入るやいなや、漢和辞典と和英辞典を頼りに、幸田文の小説「流れる」を読もうとした。

「このうちに相違ないが、どこからはいっていいか、勝手口がなかった。」

一見、予想していたよりずっとわかりやすい文体のように思われた。センテンスは短いし、漢字も少ない。

ふたたびゆっくり読んでみると、「この」、「に」、「ない」、「が」、「どこ」、「から」、「いい」、「か」、「なかった」という単語の意味が大体わかったし、おぼろげなイメージが、夢の断片のようにつかみどころなく、頭に浮かんできた。

漢和辞典を引いて、「相違」と「勝手口」の読み方がわかってから、和英辞典で意味を調べてみた。

「相違」に当たる英語が見つかると、「は」も「が」もついていないのを不思議に思ったが、あまりこだわらず、次に「うち」の意味を調べた。「うち」という単語には、「内」、「中」、「裡」、「間」、「裏」、「家」、「自分」、「打ち」など、いろいろな意味があるが、「勝手口」が出ているので、「家」にちがいないと思った。

しかし、おどろいたことには、それぞれの単語の意味はわかっても、全体の意味はどうしてもつかめなかった。

また読み返してみた。

主語を表わす助詞がないが、「うち」に「に」がつけてあるので、主語は「相違」だろう。そうだとすれば、「この家の中には、何かと相違するものは、現在は、無いが」ということになる。それは、無意味ではないが、ヘンな感じがする。

あとを読めば、はっきりしてくるにちがいないと思って、和英辞典で、「はいって」の意味を調べてみた。しかし、今度も、主語がどこにも見当たらず、別々の単語の意味がはっきりしてきても、全体の意味はどうしてもわからない。だれ、あるいは、何が入るのか、手がかりがなかった。

句読点の使い方も奇妙な感じがした。「か」は、質問を表わす助詞ではないか。それなら、「、」のかわりに、「。」を打ったほうが正しいのではないか。

読みつづけてみると、「勝手口がなかった」の意味を理解するのにあまり苦労しなかった。が、勝手口がなかったという表現を前のと結びつけようとすると、飛躍があって、さっぱりわけがわからなくなった。

何回も辞書や入門書をめくったあげく、整理してみると、次のような、ややもやした印象が頭に残った。

「ある場所に家が一軒（あるいは数軒）在る。その家は現在では、何か別のもの、おそらく別の家と相違していない（あるいは、昔とは変わらない）。だれかがだれかにむかってこう質問する。だれかが（あるいはだれが）、あるいは何かが（あるいは何が）どこから入って良いか、と。飛躍。過去には、勝手口が無かった。」

失望して、本を閉じた。

（ドメニコ・ラガナ『日本語とわたし』「日本語・この愛すべき敵」）

その後日本語を完璧にマスターしたこの外国人にしてこの周章狼狽ぶりである。特に主語探しに懸命になっていること、また省略の多さに途方に暮れていることが印象的だ。いかに日本語がコンテクスト（暗黙の前提）に依存しているかが分かろうというものである。

たとえば冒頭の一文は省略部分を補って書き直せば次のようになるだろう。

（1）（私のさがしている家は）このうちに違いないが、（私は）どこからはいっていいか、（私にはわからない、だってこの家には）勝手口がなかった（からだ）。

もっと説明的に分かりやすく書き直せば、

（2）私のさがしている家はたぶんこの家だろう。しかし私にはどこからはいっていいのか分からない。私は玄関から入れるような身分の人間ではないので、勝手口を探しているのだが、どうしてもそれを見つけることができない。私は一体どうしたらいいのか。

たとえば問題の一文をヨーロッパ語に移そうとしたら、せめて(1)まで、できれば(2)まで省略部分を補わなければならないだろう。

◆直列型と並列型

ヨーロッパ語と日本語の一番大きな違いは、ドメニコ・ラガナの反応がよく物語っているように主語の位置づけにある。ヨーロッパ語は主語が絶対に不可欠であるが、日本語は必ずしも必要でない、なくても一向にこまらない。だから日本語の「主語」は実は主語ではないのだ。それは「補語」にしかすぎない。私は三上章の「日本語主語廃止説」に賛成である。主語は動詞――be動詞、あるいはその他の動詞――とペアの概念で、文を成立させるには不可欠の要素である。なくてもよい文の要素である日本語の「主語」は「主格補語」と呼ぶべきだ。目的補語や状況補語と同じ資格の補語である（以下略して「主格」と呼ぶ）。

こうした日本語の「主語」の性格はいろいろな文法問題に波及することになる。

たとえば先ほど問題にした「ぼくはウナギだ」は「ウナギ（だ）」だけでも日本語として立派に通用する。つまり日本語は述語さえあればいいのだ。ちなみに、「ぼく」は主語ではない。三上章の主張しているように「提題」（主題）と見なすべきである。敢えて「主語」を探せば省略された「私が食べるもの」（料理）だろう。つまり日本語は述語中心主義の言語である。それに対してヨーロッパ語は主語中心主義の言語である。たとえば「私はうなぎを食べる」という文を日本語として、ヨーロッパ語としてそれぞれ分析すれば次ページの図13のように図示できるだろう。

この違いは何を意味するのだろうか。乾電池の配列にたとえれば、文の流れがヨーロッパ語は

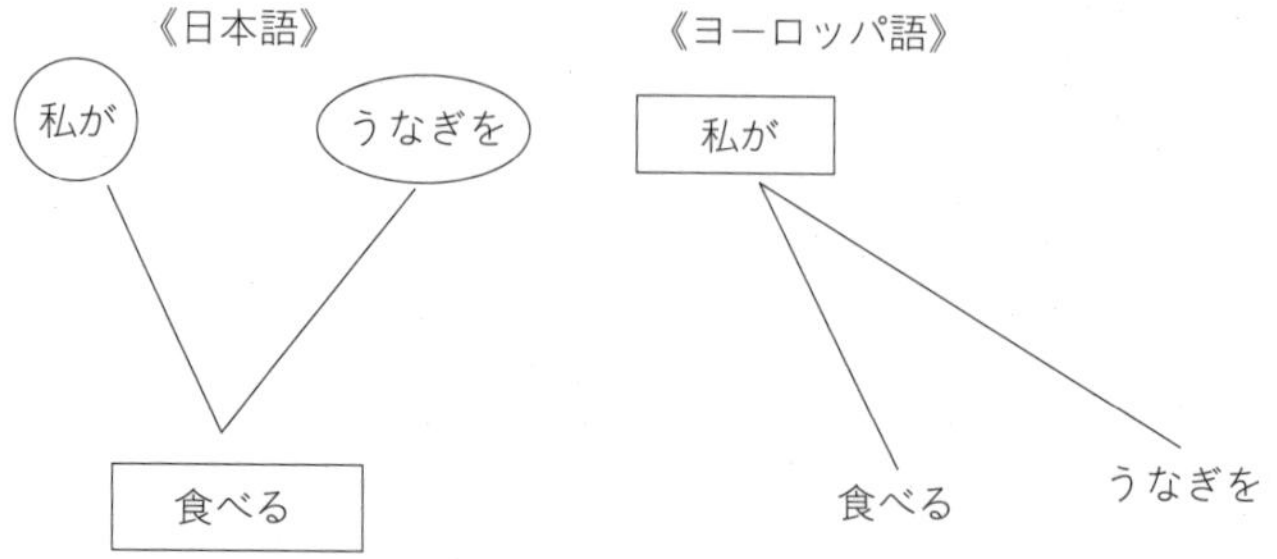

図 13　日本語とヨーロッパ語の文構造の比較

「直列型」で、日本語は「並列型」であるということだ。別言すればヨーロッパ語は「硬い」構造をもち、日本語は「軟らかい」構造をもっている。この点を、もう少し複雑な文を使って説明しよう（以下、発想の問題が主眼であり、英語やフランス語の使用はなるべく控え、直訳体日本語で代用する）。

私は花の名所として知られる吉野を昨年の春に妻と訪れた。

まずヨーロッパ語の文の展開を図示すれば図14のようになる。ヨーロッパ語の文の展開は「重要な役者ほど前に」の原則に従う。つまり、《主語→動詞→目的語→場所や時間などあらわす状況補語》の順番である。例文は《私は＋訪れた＋吉野を》でいちおう完結している。あとは追加情報である。「吉野」はどんなところかを説明したければ「花の名所として知られる」を添えればいい。この語群を「吉野を」にぶら下げたのは、それがあくまでも副回路であることを示したかったからだ。「誰と」が問題になれば「妻と」を追加することになる。「春に」「昨年の」についても同じ手順である。文例を発話者の心理のプロセスに即して記述すれば上記のよう

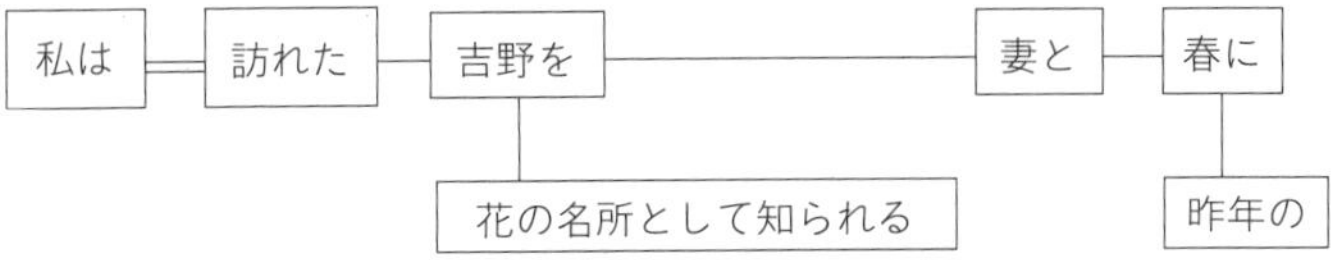

図14　ヨーロッパ語の文の展開

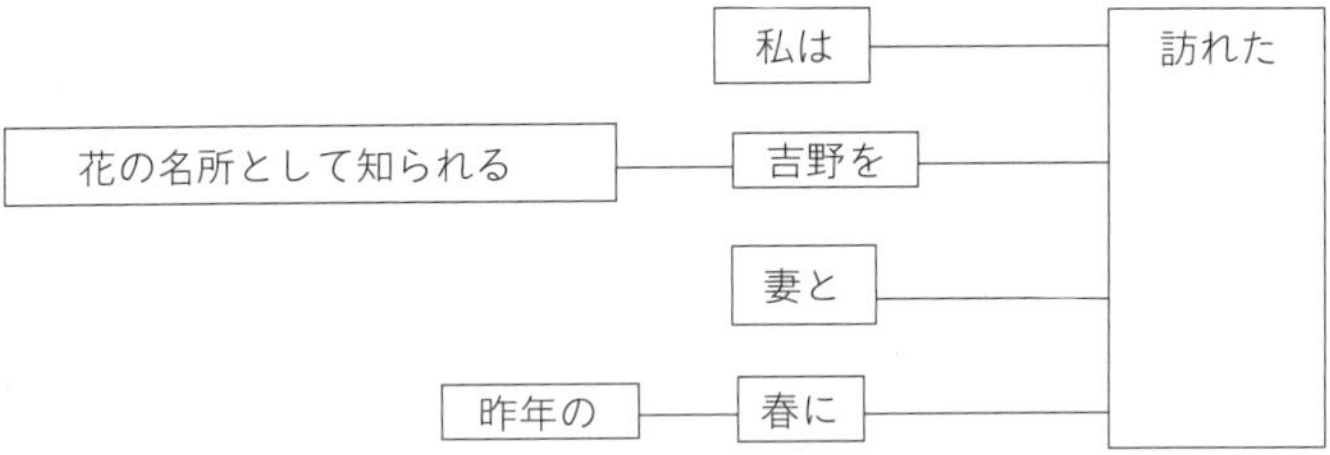

図15　日本語の文の展開

になるだろう。しかし文章化するときは分かりやすさや文体的配慮から「私は／訪れた／妻と／昨年の春に／花の名所として知られる吉野を」となるはずだ。ヨーロッパ語の場合、文意をそこねないかぎりは修飾語をともなう長い語群を後ろへ置いたほうが据わりがいいからだ（ちなみに日本語では逆になる。後述）。

　ご覧のようにヨーロッパ語の文の展開は、既知情報に欠けている——既知情報が必要としている——情報が次々に追加される形で進行する。文の流れが既知情報をもとにしてある程度読める（予測）できる展開になっている。しかし、文の主役である主語と動詞ははずせない。ここに欠落が起こると文は成立しない（電灯がともらない）。文の展開は全体としては副回路がぶらさがったまっすぐな一本の回路を描くことになる。ヨーロッパ語の文の展開は「直列型」である。

では日本語の場合はどうなるか。ヨーロッパ語の例にならって日本語の文の展開を図示すれば前ページの図15のようになる。

すでに確認したように「訪れた」は述語であるから絶対に落とせない。しかし述語さえあれば、とりあえず日本語としては成立する。あとはコンテクスト次第である。どの情報がどんな順序で展開するかはあまり問題にならない。文末に来る「述語」以外はすべての情報は横並びであり、かつ取捨選択が自由である。つまり文の展開は予測できない。文の展開は「並列型」になる。

◆言語に優劣はない

あらためて二つの図を比べてみていただきたい。ヨーロッパ語はきっちりとした「固い」構造であるのに対して、日本語は融通のきく「柔らかい」構造である。したがってヨーロッパ語では語の順序（配列）がきわめて重要な役割を果たすし、文の要素どうしの関係が常に問題になる。それにひきかえ、日本語は要素間のつながりや語順には無頓着でおおらかだ。語順だとか語のつながりを重んずる立場からすれば、なるほど日本語はちゃらんぽらんで、ルーズな言語にちがいない。日本語を「非論理的」とか「非文法的」とか論難するのは、そうした立場に立つ人たちだ。先ほど名前を挙げた森有正は、「フランスの大学生に日本語を教えることは非常に困難である」と前置きしてから、その困難さは漢字仮名併用の複雑な文字遣いにあるのではなくて「一番大きい困難は、日本語は、文法的言語、すなわちそれ自体の中に自己を組織する原理をもっている言語ではない、という事実にあると考えている」(『経験と思想』)。

言うまでもなく森の念頭にはヨーロッパ語、なかんずくフランス語の文法と明晰さがあったはずだが、「明晰なフランス語」というのは実は神話にすぎない。『一般言語学とフランス語学』の著者、シャルル・バイイは「世人はフランス語の明晰とフランス的明晰とを取り違えているのだ」と注意する。その所説を噛み砕けば、言語そのものにはもともと優劣はない、その言語をよくする(明晰にする)のも、だめにするのも、それはもっぱら言語使用者の責任なのだという。フランス人が明晰な文章を書くように心がけるから、結果としてフランス語は明晰になるのだというわけである。

すでに示唆したようにヨーロッパ語と日本語の優劣を論じても意味がない。どの言語も固有の長所と弱点を持ち合わせている。日本語は確かに融通がきいて、取り扱いが楽な言語だが、その美点が仇にもなるのだ。日本語ではどんな語群もつながりを気にせず、いくらでも追加することができる。日本語のゆるやかな統語規則に甘えて書き流せば、結果として曖昧で分かりにくい文が多く書かれることになる。これは日本語が非論理的とか文法的に欠陥があるとかとは別次元の問題である。あくまでも言語使用者の心構えの問題である。

◆時枝誠記の言語過程説

日本語を分析した二つの図からも分かるように、日本語では述語が中心的役割を果たしている。したがって、日本語の基本文型は述語になにが来るかに基づいて分けることができる。次の三つである。

（1）名詞文：大学生だ。

（2）形容詞文：美しい。　（形容動詞も含める）

（3）動詞文：（花を）買った。

まず問題とすべきは、なぜ日本語では「述語」だけで文が成立してしまうのかということだ。この問題に手がかりを与えてくれるのは、時枝誠記の「言語過程説」である。「言語過程説は、言語を、音韻と概念（或は思想）との結合体と考へる言語構成説に対し、言語を、精神、生理、物理的過程現象であるとする」（『国語学原論 続編』）。〔ここには言語記号を記号表現《シニフィヤン》と記号内容《シニフィエ》の結合と見るソシュールの構造言語学に対する批判が示されている。言語過程説とソシュール言語学の関係は多くの問題点をはらんでいるが、当面の問題とは関係がないので敢えて不問に付す。〕つまり、言語を「構成された」構造と見るのではなくして、言語主体（語る主体）が「構成する」構造と位置づける。言語過程説は「言語主体」の「場面」（受け手を含めたコンテクスト）と「素材」（概念・事物）に対する「意味形成」的働きかけを強調する。時枝は「言語の本質を、素材ではなくして、素材に対する主体的機能である概念作用或は意味作用に置こうとする立場」(『国語学原論』以下、引用は同書)を採る。このことは具体的にどういうことを意味するのか。

(1) 雪が降るよ。

(1)が文と考えられるのは、主格と述語がそろい、陳述作用が見られるからではない。そこに、さらになにかが加わっているからだ。それは言語主体の思想(思い・感情)である。(1)の場合は文末の助詞「よ」にそれが示されている。この文章は時枝に従えば、次のように分析される。

この図示は引出しと引き手をイメージ化したもので、「引手は形式的には、引出しの一部に付着してゐるに過ぎないものであるが、意味的には、引出し全体を引出すものとして、引出しを統一し総括する」重要な役割を担っている。つまり、上図は、「雪が降る」という実質的な内容(概念)を表現する言葉(名詞、動詞、形容詞など)——これを時枝は「詞」と呼ぶ——が「よ」という補助語によって包み込まれていることを表している。いま「補助語」と言ったが、時枝は「辞」と呼び、助詞や助動詞などをそこに含めている。そしてこの「辞」のなかにこそ言語主体の思い・感情が直接的に表現されると考えた(ちなみに敬語法や文の性差も「辞」によって主に表現される)。

つまり言語（文）は客観的な表現（詞）と主観的な表現（辞）とが統一された「完結せる陳述作用である」。「辞」は「詞」を「包み」、総括する。この「辞」の「包む」働きを、時枝は風呂敷にたとえている。けだし絶妙な喩えである。この喩えはしっかりと覚えておこう。

◆「零記号」の役割

見られるように、言語過程説は文の背後に言語主体の働きかけ（主観化）を想定するわけであるが、それはなにもいつも「辞」という形で明示的に表出されるとは限らない。次図のように「零記号」として働く場合がある。

こうした文について時枝は次のように説明する。「国語に於いて、一個の詞としての用言、例へば、「降る」「寒い」のみを以て文と考へることが出来るのは、用言が陳述を兼備しているが為でなく、詞としての用言に、零記号の陳述が連結する為である。」

比較の意味で、たとえば英語のrainを考えてみよう。rainは単独では名詞なのか動詞なのかすらも分からない、単なる単語でしかない。主語を立て、動詞を正しく活用させてはじめて文〈It rains.〉となる。必要なものが揃わなければ文は成立しない。すでに指摘したように、ヨーロッパ語はやはり直列型なのである。

ほかの国語だったら単語にしか過ぎない「降る」が日本語で一文を構成するのは、コンテクストに依存しているからだ。例えば雪が降っている情景を前にして、ある人がぽつりと「降る」とつぶやく。傍らにいる人は発話者の心を忖度する。語っている人も聞き手のそうした配慮（気配り）を予想（当てに）している。ほかの言語だった必ず言語化するはずの情報も、日本語はコンテクストに丸投げしてしまう。こうした発話者と受け手の「持ちつ持たれつ」「以心伝心」の依存関係が、日本語の省略の多さ（寡黙さ）を可能にしているのである。

「零記号」を含めた「辞」の風呂敷的総括作用は「包む」という側面に焦点を当てれば、重なり合って大きな統一に向かう「入子《いれこ》型構造形式」と見るほうがふさわしい（図16）。

図16　日本語の入子型構造

◆日本語の論理

日本語の述語中心主義を時枝の言語過程説で検証したわけであるが、言語主体による意味形成作用は日本語の主観性＝情意性をみごとに体現している。言い換えれば日本語は「私の視点」で語られるということだ。したがって、普通の日本語では「私」は出てこない。出る必要がないからだ。それは「省略」ではなく常態である。「私」が出てくるほうがむしろ例外と見なされる。出てきたときは言語主体によって客体化され＝概念化された特別な「私」である（左図参照）。

「ウナギにし／よう」で「ぼく」の「意志」を表明する文としては成立している。「ぼくは」は「よう」に包まれ客体化された「ぼく」で、言語主体としての「ぼく」ではない。「ぼく」はほかの人と対比された〈one of them〉である。「対比」という言語主体の視点が問題にならなければ、「私」は文に出てくる必要はない。それが日本語の論理である。このことを確認するために、次の文章を読んでみよう（「私」だけでなく、それに関連する所有形容詞なども〔　〕で補った）。

宵《よい》の口は閉め切った雨戸を外から叩《たた》く様にがたがた云《い》わしていた風がいつの間にかやんで、〔私が／は〕気がついて見ると〔私の〕家のまわりに何の物音もしない。〔そこは〕しんしんと静まり返った儘《まま》、もっと静かな所へ次第に沈み込んで行く様な気配である。〔私は〕机に〔私の〕肱を突いて何を考えていると云う事もない。纏《まと》まりのない事に〔私の〕頭の中が段々鋭くなって〔私の〕気持が澄んで来る様で、しかし〔私の〕目蓋《まぶた》は重たい。坐っている〔私の〕頭の上の屋根の棟《むね》の天辺《てっぺん》で小さな固い音がした。瓦《かわら》の上を小石が転がっていると〔私は〕思った。ころころと云う音が次第に速くなって廂《ひさし》に、近づいた瞬間、〔私は〕はっとして身ぶるいがした。〔それが＝小石が〕廂を辷《すべ》って庭の土に落ちたと思ったら、〔私が〕落ちた音を聞くか聞かないかに〔私の〕総身《そうみ》の毛が一本立ちになる様な気が〔私には〕した。〔私は〕気を落ちつけていたが、〔私の〕座のまわりが引き締まる様でじっとしていられないから〔私は〕立って茶の間へ行こうとした。物音を聞いて向うから襖《ふすま》を開けた家内が、〔私を見て〕あっと云った。

「〔あなたは〕まっさおな顔をして、どうしたのです」

（内田百閒「サラサーテの盤」冒頭）

けっこう長い文章なのに「私」（あるいは自分）は一度も出てこない。所有形容詞は主語と連動するから当然のことだが、ヨーロッパ語だった繰り返し出てくるはずの所有形容詞もいっさい出てこない。ここまで「私」を飛ばした引用文はおそらく古風に――特に若い読者には――感じられるかもしれない。しかし、これが本来の日本語のありかたで、「私」を連発する昨今の現代日本語はヨーロッパ語の影響を受けているのだ。

もう一つ例を見よう。夏目漱石『夢十夜』の第三話である。

　こんな夢を見た。

　六つになる子供を負《おぶ》ってる。慥《たしか》に自分の子である。ただ不思議な事には何時《いつ》の間にか眼が潰《つぶ》れて、青坊主になっている。自分が御前《おまえ》の眼は何時潰れたのかいと聞くと、なに昔からさと答えた。声は子供の声に相違ないが、言葉つきはまるで大人である。しかも対等だ。

左右は青田である。路《みち》は細い。鷺《さぎ》の影が時々闇に差す。
「田圃《たんぼ》へ掛《かか》ったね」と脊中でいった。
「どうして解《わか》る」と顔を後ろへ振り向けるようにして聞いたら、
「だって鷺が鳴くじゃないか」と答えた。
すると鷺が果《はた》して二声《ふたこえ》ほど鳴いた。

冒頭の文には普通ならあるはずの「私」(自分)がない。この書き出しは第一話、第二話、第五話と共通である。ただ前の例文と違って「私」が必要最小限だが出ている。「自分の子」の「自分」は落とせないだろう。誰の子かをはっきりさせる必要があるからだ。「眼が潰《つぶ》れて」には「その」があってもいいところだが、落としている(以下、あってもよさそうな指示語、所有形容詞はすべて落ちている)。確かにコンテクストで分かる。その次にこの文章で唯一の「自分が」が出ている。この「自分が」は落とすことは可能である。しかしここでは、「子供」との対比(自分―相手)を強調するために使われている。問いかけられた「子供」のほうは、「子供は」と明示的には出てこないけれどもそこまでの文の流れですでに既知情報になっているので、つまり係り(「子供は」)が利いているので「子供=相手は」を落としたのだろう。後は「自分」と「子供」(相手)はいっさい登場しない。最後の対話の部分などぜひ必要ではないかと現代の読者には思われるだろうが、ばっさり落としている。「私」だけではない、三人称の主格も省略可能なのだ。日本語の述語一本立ては文章語でさえ、ここまでコンテクストに依存するのである。

漱石のほうは設定が夢物語で少し特殊であるが、基本的には二つの例文の「私」（言語主体）の立ち位置は同じである。「私」が見たこと、聞いたこと、感じたこと、思ったことをそのまま綴っている。ちょうどカメラマンが心に触れた光景を発見して次々とシャッターを押すような、そんなスナップショットの連続である。「部分」（ショット）への関心はあるが「全体」（関連性）への気配りは薄い。「部分」が次々と集められて「全体」がおのずと出来上がる。「全体」はいわば「部分」の寄せ集めの結果にすぎない。「全体」よりは「部分」への関心のほうが強い。ヨーロッパの文学理論（リアリズム・自然主義）を手本にしたはずのわが国の小説が、身辺雑事を克明に記録する「日記」や「エッセー」と選ぶところのない「私小説」に化けてしまったのも当然の成り行きだったろう。日本語（日本人）の世界に対するスタンスは個人的＝主観的である。それは個人的印象・心境の表白に向いてはいるが、フィクションを媒介として、迂回的に世界の客観的把捉を目ざす小説（ロマン）には不向きであった。上の二つの例文も「私小説」的な特徴をもっている。

日本語は基本的には主観的判断（それは美しい）か事実の記述（雨が降っている）しか表現できない。だから主観（私）の判断がおよばない二人称、三人称の人物の内面を表現するのには抵抗がある。

（1）　あなたは悲しい。（You are sad.）

（2） 彼は悲しい。（He is sad.）

（1）（2）は英語なら問題ないが、普通の日本では不自然だ（たとえば（2）は小説なら可能だろう）。自然な日本語であれば次のようになるはずだ。

（4）* あなたは悲しそうだ。

（5）* 彼は悲しそうだ。

日本語は「私」の視点が基本である。別言すればマクロの視点ではなくてミクロの視点を採ることが多いということだ。このことは文章の展開にもおよんでいく。

日本語の文章の展開は「全体」の展望がまずあってそれとの関係から「部分」が決定されるのではなくて、「部分」が先行し、わりと自由な流れを許容する。また「全体」のまとまりをうるさくいわず、「部分」のふるまいの面白さを楽しむ。必然と偶然という言葉を使えば、ヨーロッパ流の文章構成法は「全体」が「部分」の流れを決定する必然主義である。それに対して日本流の文章構成法は「部分」の自由（偶然）を許容する「容」偶然主義である。

「全体」と「部分」に対するヨーロッパと日本のスタンスの違いはヨーロッパの街並みと日本の街並みにもよく表れている。全体のプランに基づいて都市計画を実行するヨーロッパの街並みは整然としている（昔は教会を中心としていた）。それにひきかえ日本の都市計画は行き当たりばったりで、まるで建て増し建て増しの連続で雑然としている。ただ、時に思わぬ美観が発見されることも事実である。

◆語順の問題

文章構成法に見る彼我の違いは文の次元では語順の問題として現れる。つまり「直列型」統語原理と「並列型」統語原理の違いである。すでに見たように、ヨーロッパ語は主役の主語と動詞がまず登場し、文の枠組み（方向性）が示される。そのあとで主役たちの要請に応える形で脇役の補語たちが次々に登場してくる。脇役たちの占めるべき場所はあらかじめ指定されている。原則として語順をみだりに変更することは許されない。言い換えれば、ヨーロッパ語で表現するということは、全体を見通しながら部分の配列を決定するということで、文は行き当たりばったりではなく「しかるべき」理路で組み立てなければならない。ヨーロッパ語の語順は必然的であるが、それに対して日本語の語順は「容」偶然的である。

日本語は風呂敷のようになんでも包み込んでしまう融通無碍な言語である。このことを前に使った例文で確認することにしよう。

（1）　私は／花の名所として知られる吉野を／昨年の春に／妻と／訪れた。

日本語には語順はあってないようなもので、しいて挙げれば次の二つだろうか。

［1］ 名詞、動詞、形容詞、形容動詞などの述語が文末に置かれる。

［2］ 修飾語が被修飾語の前に置かれる（「春に／昨年の」は不可ということ）。

それでは、この規則に従って(1)の語順を変えてみよう。

(2) 花の名所として知られる吉野を／昨年の春に／妻と／私は／訪れた。

(3) 私は／妻と／昨年の春に／花の名所として知られる吉野を／訪れた。

(4) 昨年の春に／私は／花の名所として知られる吉野を／妻と／訪れた。

(5) 花の名所として知られる吉野を／私は／昨年の春に／妻と／訪れた。

(6) 妻と／私は／花の名所として知られる吉野を／昨年の春に／訪れた。

いくら挙げても煩雑になるだけだし、意味もないのでこれくらいで切り上げる。(2)は長い語群（文節）から短い語群の順に並べたもので、(3)は逆にして並べ替えたものである。(4)(5)(6)は(1)を基にして文頭を取り替えてみたもの。読み比べて分かることは、この程度の長さと複雑さの日本文なら語順は文の理解にほとんど関係がないということだ。日本語は語順についてはシャフルが可能である。こんな芸当ができるのは、日本語には「てにをは」という重宝なツール（助詞）があって、語と語の関係を明示してくれるからだ。

ただ、語順については次のことも言い添えておく必要がある。確かに日本語の語順は自由だが、もし比較的長い文で語群間で長さのばらつきが目立つ場合は、長い語群を前に出したほうが頭にすらすら入ってくる。(2)と(3)を読み比べてみれば、その経緯がうすうす実感できるはずだ。(3)はどこかに読点がほしいところだ（一つですませるなら「昨年の春に」の後か）。「長い語群ほど前に」――この規則は「悪文」退治には有効である。

もう一点。語群間にばらつきがなく、そんなに長い文でなければ次の語順が日本語としてはいちばん据わりがいい。

①いつ　②どこで　③だれが　④だれに　⑤なにを　⑥どうした

昔話「桃太郎」の書き出しがまさにこれに従っている。「昔々あるところにおじいさんとおばあさんがありました。」主格をさしおいて「いつ」と「どこ」が前に出ているのも興味深い。やはり日本語の主格はヨーロッパ語の主語に比べて影が薄いようである。

◆主格のハとガ

日本語の主格には主にハとガがある。ハのほうが多い。なぜだろうか。発話（会話）というものは知っていること（既知情報）に知らないこと（新情報）を加えるのが原則だからだ。知らないことから切り出されるととまどう。ガは「排他性」を含意していて、インパクトが強すぎる。ハとガの問題をやり出したらそれこそ切りがないので、ここではまず主格のハとガの問題に限りたい。いちばん基本的な確認はハは「既知情報」を、ガは「新情報」を伝えるということだ。これを逆にみるとハの後には「新情報」（重い情報）が、ガの後には「既知情報」（軽い情報）が来るということだ。「犯人は誰か」と「誰が犯人か」という二文を考えてみればいい。この確認だけでハとガの問題はほぼ九〇パーセント解決する（もっともこの数字はあくまでも物の喩えだが）。

情報という観点から文のパターンを考えると次のようになる（既知情報だけの文は情報的には意味がないので除外した）。

［1］既知情報＋新情報（私は教師です）
［2］新情報＋既知情報（私が教師です）　｝非動詞文（判断文）
［3］既知情報＋新情報（本は届いた）
［4］新情報＋新情報（本が届いた）　｝動詞文（現象文）

［1］は「私についていえば」という含みが込められている。言い換えれば「自分以外の人」を想定し、それと対比しながら「私」を問題にしている（選択的提題化）。「他の人」は学生かもしれない、サラリーマンかもしれない、そういうなかで「私」は教師なんですよと主張している。「教師」であることが、求められている新情報である。

［2］は「ほかの人ではなくてこの私」という含みがある。たとえば誰が教師であるかが話題になっている状況を考えてみればよい。「自分以外の人」を排除して「私だけ」を主題化している（排他的提題化）。「私」が求められている新情報である。このように「新情報」が頭に来ると、唐突な感じがしないでもない。日本語としてはちょっとひっかかる文型である。それを避けるには、「教師は私です」と［1］のタイプに書き換えると据わりがよくなる。

電話口で見ず知らずの人に対して、本来なら「私が○○です」というべきところをなぜか「私は○○です」という。相手の姿が確認できない電話口で「私が」と切り出したときの相手の反応（不安？）を考慮してのことにちがいない。このタイプのガのインパクトをよく物語っている。普通はハが予想されるケースで、ガに出会ったら強調、排他的なガの用法と考えていい。たとえば、「あたくしが○○の家内です」と切り出されたら相手の女性（夫の不倫相手）はドキッとするにちがいない。

ガの用法はほとんどの場合「排他的特定」で説明できるのだが、ただ一つ例外がある。専門家のあいだで「現象文」とか「眼前描写」「中立叙述」と呼ばれている［4］の用法だ。「本が届く」なんて思っていなかったときにそのことが出来《しゅったい》した場合だ。［3］は「例の、あの」本という含みがある。ただし「現象文」の場合には［2］から［1］へのような書き換えは問題がある。「届いたのは本です」とすると「届いた」は既知情報になって［1］と同じになってしまう。たとえば、あるものが届くことは予め分かっているが、「なにが」届くかが問題のケースである。

ここで論点を整理すればこういうことになる。［4］の現象文は問題のないケースであるから脇に置くことができる。［2］は［1］に書き換えることができるからこれも脇に置くことができる。してみれば、われわれは［1］と［3］に的を絞ればいいということになる。つまり、日本語の文型のプロトタイプは「…は～だ」ということになる。三上章の先駆的な仕事がよく示しているように、「は」の問題が日本語文法のアルファーでありオメガである。

◆ハの包摂作用

「XはYだ」（X≠Y）の文型は先ほど指摘した日本語の「容」偶然的統語原理をよく体現している。

ヨーロッパ語の「XはYだ」は包摂関係を表している。つまりXはYに包摂されるかイコールである（X≦Y）。言い換えればXはYの部分集合である。

（1）人間は高等動物である。（X＜Y）

（2）人間は理性的動物である。（X＝Y）

これを図示すると、図17のようになる。

XはYに包摂されるということは、見方を変えればXはYという属性（特徴・性質）を持つとい

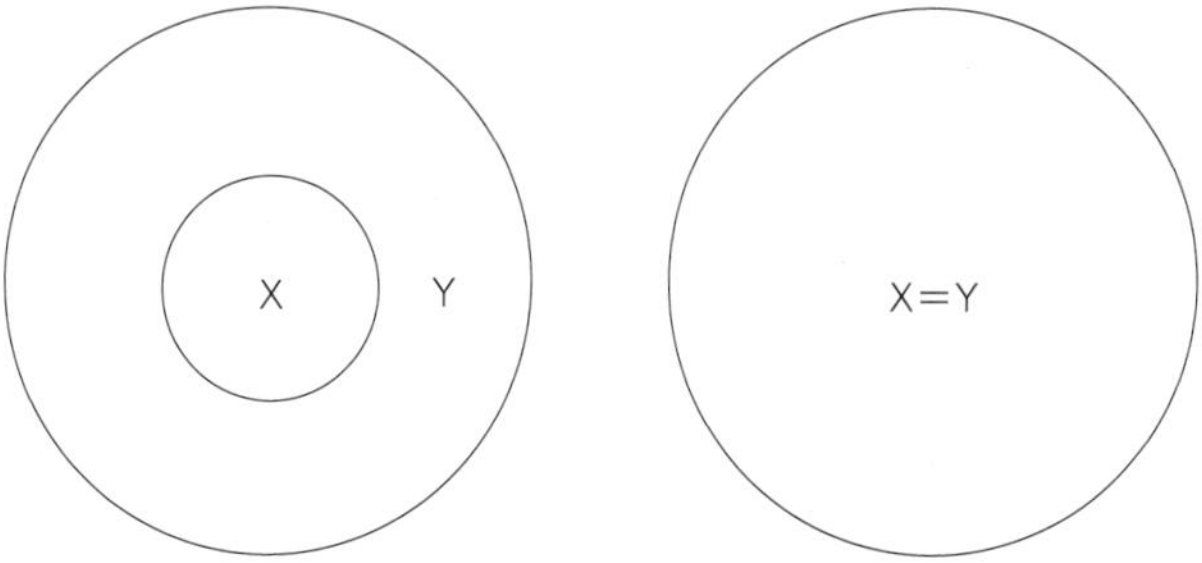

図17　ヨーロッパ語における「XはYだ」の包摂関係

うことだ。（1）と（2）は次のように書き換えることができる。

（1）* 人間は高等動物という属性を持つ。（X＋Y）

（2）* 人間は理性的動物という属性を持つ。（X＋Y）

この書き換えは「である」が一般動詞（「する」「にある」など）と同類であることを示している。言い換えればヨーロッパ語には「XがYをする」「XがYを持つ」という二つ文型があるということだ。前に確認したヨーロッパ語の「直列型」的統語原理を考えあわせると、ただ一つの文型に、つまり「XはY（属性・行為・状態・存在など）を持つ」に還元することも可能だろう。

いっぽう、日本語の「XはYだ」（X≠Y）はまるで違うふるまい方をする。先ほども確認したようにハの後には「新情報」が来る。XとYの間にはズレがあり、段差がある。日本人はこのズレと段差の「妙」に敏感である。古い例と新しい例を挙げよう。

（1）　春はあけぼの。（『枕草子』）

（2）花は桜木、人は武士。
（3）遠くて近きは男女の仲。
（4）男は黙ってサッポロビール。（宣伝コピー）
（5）愛はお金で買いましょう。（「大人の愛の本」の宣伝コピー）

ハの役割は包摂作用である。「場」（枠組み）の設定である。XとYは別のカテゴリーに属するものであり、「間接的に」連結されている。（1）を図示すれば図18のようになる。

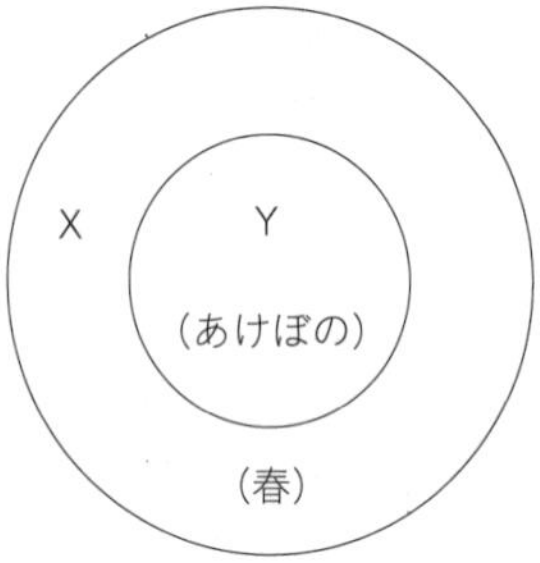

図18　日本語における「XはYだ」の包摂関係

ご覧のとおりハは「場」（枠組み）の包摂作用である。つまりハはゆるやかな括りである。「ゆるやか」という点が重要だ。ヨーロッパ語的主語—述語（X≦Y）に見られるのは、すでに確認したように一義的＝必然的関係である。ところが、図18に明らかなように「XはYである」（X≠Y）はYはXにファジーに包摂されている、Xという「場」のなかにYがあるということだけを述べている。さらに言えば、「XはYである」（X≦Y）は「XはYを持つ」を、「XはYである」（X≠Y）は「XにおいてYが在る」を意味する。X≠Yに見られるのは、XとYの間の、一義的でない多義的関係である。

◆ハは変化《へんげ》する

ハの後の「新情報」が多義的であるだけではない。そもそもハ自体がまさに多義的な役割を帯びているのだ。その文法的職能とその支配域においてハは多義的なのである。そのことを次に見ていこう。

まず、ハは主語をあらわすだけではないことに注意しなければならない。先ほどハとガの競合の問題に触れたが、この対照が強烈すぎるためだろうか、ハは主格（主語）しか表さないと勘違いしている人が意外と多い。決してそんなことはない。ハは主格以外にもいろいろな格に成り代わる。

（1） この本は読みなさい（目的のヲ）
（2） 大学は行かない（場所・方向のニあるいはへ）
（3） 音楽は心が安まる（道具・手段のデ）
（4） 東京は物価が高い〔少し問題のあるケースだ。「東京では物価が高い」とも解せるし、「東京の物価が高い」とも解せる〕

ハはいろいろな助詞に姿を変えるだけではない。忍者のように姿を消したり現したりして、読点を越え、句点を飛び越して文を支配するのだ。たとえば夏目漱石の『吾輩は猫である』の冒頭。

吾輩は猫である。名前はまだ無い。／どこで生れたか頓《とん》と見当がつかぬ。何でも薄暗いじめじめした所でニャーニャー泣いていた事だけは記憶している。

この場合もいくつもの格を兼務することは可能だ。

彼女は美人で、頭がいい（彼女ノ）。会ってみろよ（彼女ニ）。気に入るはずだ（彼女ガ）。

この読点・句点越えの支配力の強さにハの「場」設定機能がよく示されているだろう。時枝は文末の「辞」に言語主体の主体的働きかけを見たが、ハもまた主体的に「場」（枠組み）を設定することによって文（たち）をゆるやかに支配する。このハの、文を越えてのかかりの用法を知らない人が意外に多い。その支配力は驚くほど強い。そのことをよく示す例が、川端康成『伊豆の踊子』の最後に近い場面に見られる。

はしけはひどく揺れた。踊子はやはり唇をきつと閉ぢたまま一方を見つめてゐた。私が縄梯《なわばし》子《ご》に捉《つか》まらうとして振り返つた時、さよならを言はうとしたが、それも止して、もう一ぺんただうなづいて見せた。はしけが帰つて行つた。栄吉はさつき私がやつたばかりの鳥打帽をしきりに振つてゐた。ずつと遠ざかつてから踊子が白いものを振り始めた。

「さよならを言はうとしたが、それも止して、もう一ぺんただうなづいて見せた。」——この文の主格（主語）は誰だと思いますか（ちなみに、語り手の「私」は旧制高等学校の学生）。たぶん多くの方が、近くに「私が」とあるので「私がさよならを言はうとした」と読むはずだ。サイデンスティカーの英訳もそうなっている。しかしながら、この文の主格は「踊子」とも採れる。ハには文越えのかかりがあるので、傍点を打った「踊子は」が「さよならを言はうとした」を支配しているとも考えられるからだ。主格のガはいちばん近くの述語（この場合は「振り返った」）にかかるだけで、それ以上には支配力がおよばないのが原則である。前に大きく係かる可能性のある「踊子は」がある以上、「踊子」を主格と採ったほうが日本語としてはより自然である（事実、この引用の直前でも、「私」にほのかな想いを寄せている踊子は「私」が話しかけても、黙ったままうなずいたり、かぶりを振ったりするだけだった）。

ハの基本的役割は「容」偶然的な場（枠組み）の設定にある。そしてこれが日本語の統語論的原理を下支えしている。

◆ハは日本語にしかないか

ここまでハの提題化（主題化）の役割をみてきた。ここで一つの疑問が生まれるはずだ。ヨーロッパ語では提題化の問題はどうなっているのだろうか、と。『日本語の論理』のなかで三上章は「「は」は、西洋文法に該当形式のない高級な文法手段である」と揚言する。ハが「高級な文法手段」であるかどうかはともかく、なるほど日本語のハに相当するものはないようだ。しかし、同じ対象に対しておのおのの言語が異なった対処の仕方をするのはよくあることだ。この提題化についても、さまざまな文法的手立てで切り抜けている。すでに見た「ぼくはウナギだ」の場合は「私については」(pour moi) と状況補語で対応していた。次の例では既知情報は定冠詞で、「新情報」は不定冠詞で対処している。

「昔々おじいさんとおばあさんがいました。おじいさんは芝刈りに、おばあさんは川に洗濯に行きました。」(Il était une fois un grand-père et une grand-mère qui vivaient dans la montagne. Tous les jours, le grand-père allait ramasser du petit bois, tandis que la grand-mère allait à la rivière laver le linge.)

ただ、確かに提題化された主語(有題)と提題化されていない主語(無題)が文法的な形ではっきり区別できないことは、時には不都合をもたらす。ピッチとかイントネーションとか発音の仕方で区別せざるをえないことがある。だが、有題の主語と無題の主語に関してはヨーロッパ人は確かに無自覚のような気がする。日本人が名詞の「数」(単数/複数) に無自覚なように。こうしたことはおのおのの言語の「癖」なのだから大目に見るしかない。全体的に見れば各言語間に優劣はないものだ。ただ、この提題化の問題に限っていえば、ヨーロッパ語における主語の覇権が関係していることは間違いない。

◆ハと「切れ」

前に「XはYだ」（X≠Y）の文型で日本人はXとYが離れているほど面白さを感じると書いた。それは、「ハは切れを表す」と捉え返してみると新しい展望が開けてくる。

（1）み吉野は山もかすみて白雪のふりにし里に春は来にけり（摂政太政大臣・藤原良経）

〔吉野は、（春の気色か）山もかすんで、冬のあいだ白雪の降っていた、（むかし離宮のあった）この古い里にも、春がやはり訪れてきたことだなあ〕

これは『新古今和歌集』巻頭を飾る歌である（「み吉野」の「み」は美称の接頭語。「ふりにし里」の「ふり」は掛詞で、「降り」と「旧り」を掛ける）。この歌は三上章が『像は鼻が長い』のなかで問題にした歌だが、少し観点を変えて俎上に載せたい。初めのハは多義的である。三通りに解釈できる。

［1］み吉野デ（ハ）

［2］み吉野ノ

［3］み吉野ガ（山ガかすみて）

ここでのさしあたりの問題点はどの解釈が正解かということではない。ハの支配力が問題である。「み吉野は」は「場」（枠組み）を設定して、「私は「み吉野について」話題にしますよ」と大きく、あるいはゆるく予告している。兼務を［1］と解すれば「かすみて」にかかる。［2］ならもっと手前の「山」にかかる。［3］なら「山がかすみて」を支配する。この提題のハは兼務の役割を終えてもまだ支配力は続く。ここで問題は「春は来にけり」との力関係である。二番目のハは主格を兼務する（春が来た）。このようなハの並立はよくあるケースで、これは提題のハの後に出てくる「対比」（ピックアップ）のハだ。先ほどの例文(4)「東京は物価が高い」の「物価」にスポットを当てれば次の文が得られる。

（5）　東京は物価は高い。

「物価が高い」という現象文が提題化されたわけで、「物価」がなにかと対比されていることになる。たいてい逆説や否定のニュアンスがともなう。たとえば「でも生活は快適である／ではない」。ここでも逆説や否定の対比性が指摘できる。「雪がこんな雪深い古里にも（春は）やはり訪れた」との含意である。こういう第二のハの威力は一時的で、この場合も「来に」までしか掛からない。文末の辞「けり」を支配するのは提題の「み吉野は」のハである。ハの掛かりの潜在力に注目すれば、［1］の解釈がいちばんふさわしいと思われる。しかもこの解釈はハの「場」設定機能をしっかりと裏づけてくれるようだ。「場」の設定ということは「風呂敷を広げる」ことなのである。大きい風呂敷を用意するか小さい風呂敷を用意するかは「私」の判断次第である。ここでは大きく

「場」を設定していて、「山」も「里」も大きく包み込み、大らかな情景を揺曳させている。

初めのハの提題の喚起力は強い。後代なら「歌語」として定着した「切れ字」の「や」を使うことも可能だったろう。私は提題性の強いハと切れ字の「や」の関連性に注目している。ハと同じように「や」も兼務がある。たとえば芭蕉の四句を挙げる。

六月や峰に雲置く嵐山〔ノ〕
閑《しづかさ》や岩にしみ入《いる》蝉の声〔ニ〕
古池や蛙《かはづ》飛びこむ水のおと〔ニ〕
荒海や佐渡によこたふ天河《あまのがわ》〔ノ〕

「や」の代わりに本来の助詞を代入してよめば一読瞭然、句の世界が狭くなり、平板化してしまう。「や」は大きく「場」を設定して、それからおもむろに語り出すという感じである。「や」は句を二つに分け、段差（切れ）を作る。「や」はゆるく包んで「意外性」をたぐりよせる。俳句（発句）はこの意外性（小さな驚き）をよしとする。俳句は二段構造をとる場合が多いが、段差（切れ）が大きいほど面白い句になる。「や」はハの持つ「場」設定機能をあざとく利用していることになるだろう。

「切れ」に関連して芭蕉に興味深い句がある。芭蕉の辞世句である。

旅に病《やん》で夢は枯野をかけ廻《めぐ》る

この句は普通の日本語の発想なら「は」は「に」とすべきだろう。そして「旅に病んで、私は夢の中で枯れ野を駆けめぐる」の意となるはずだ。しかしそれではあまりになだらかな展開で面白みがない。「切れ」を入れるためハの導入となったのだろう。しかしこのハの導入は思わぬ副産物をもたらす。「私」ではなくて「夢」が枯れ野を駆けめぐることになったのだ。はなはだ意外な展開である（ここでは擬人法がからんでいるが、この言葉の綾については後述する）。

俳句の「切れ」には日本語の統語原理の最高の表現が見られる。日本語の特質を洗練し、芸術の域に高めたものが俳句である。俳句は日本語の「容」偶然性をずばり体現している。俳句は日本語の論理そのものだ。多くの日本人が自分の思いを俳句に託そうとするのは、けだし当然かもしれない。世界を見渡しても日本人ほど「芸術的な」国民はいない。これは日本語だからこそ可能なことなのだろう。

◆日欧比較統辞論

ここまでわれわれが確認してきたことは、次の四つの項目にまとめることができる。

［1］　日本語はコンテクスト依存的言語である。

［2］日本語は主観的言語である。
［3］日本語は述語一本立ての言語である。
［4］日本語の統語原理は「容」偶然的である。

この四つの性格のお蔭で、俳句に典型的に見られるように日本語は主観的な思い、感情、印象、観察など「私的」な表現には非常に向いている。日本語はミクロの視点に立つ限りヨーロッパ語よりすぐれた面を持っている。これは確かに威張ってもいいことである。

ただし、弱い面もある。それは抽象的＝観念的な内容を表現するには不得手である。それに対処するために昔の日本人は「漢文訓読体」なる巧妙な手立てを発明した。今の日本人は、「漢文訓読体」を発展させ工夫して「翻訳調」を案出した（漢文訓読体と翻訳調の文化的意味については次章で論じる）。以下、日本語とヨーロッパ語を具体的な言語表現（文）の次元で比較検討して、日本語のたどるべき方向性を見とどけたい。

まずごく普通の日本語からはじめる。

（1）　わたし（に）は妻と二人の子供がいる。

日本語では「Xがある」という存在文（動詞文）であるが、そのまま there are とか il y a と逐語訳はできない。「わたしはXを持っている」というふうに主語―動詞の文型にしなければならない

図19「象ニハ長イ鼻ガアル」の包摂関係

（すでに断ったことの繰り返しになるが、われわれの関心は語学的な細部ではなく、あくまで「発想」の問題なので直訳体の日本語で代用する）。

（1）* 私は（一人の）妻と二人の子供を持っている。

次は少し問題のある文を考える。

（2）ゾウは鼻が長い。

日本語では「形容詞文」であるが、これをヨーロッパ語に直せばどうなるか。ハはノを兼務しているので、「ゾウの鼻は長い」として、そのまま逐語訳してもいいか。不可である（たとえば象の定義文なら可か）。正解は次のようになる

（2）* ゾウは長い鼻を持っている。

ヨーロッパ語は日本語の形容詞文を「主語＋動詞＋目的語」（所有）で処理している。（2）の形だと見えにくいかもしれないが、日本語は「ある」で対処している（図19参照）。

（2）** 象には長い鼻がある。

次の場合はどうだろうか。

（3）　この大学は自由な雰囲気がある。

（3）* この大学は自由な雰囲気を持っている。

ここでは「擬人法」が使われていることに留意しよう。（3）*も厳密にいえば擬人法だろうが、この程度なら日本語でもよく見かける。ここで問題になっているのは「無生物主語」だ。ヨーロッパ語は擬人法による無生物主語がやたらに多いのが特色である。これはヨーロッパ語が《人間（主語）が〜を所有する／〜する（動詞）》を文のプロトタイプと見なすからだ。だからあえて「無生物主語」を仮構してプロトタイプに嵌め込むことになる。たとえば次のような大胆な擬人法（無生物主語化）さえ見られる。

（4）　この時代には、偉大な詩人が何人も生まれた。

（4）* この時代は何人もの偉大な詩人の誕生を見た。

こうした擬人法のなかにヨーロッパ（語）の人間中心主義を確認することができるはずだ。そしてこの無生物主語の仮設は、（4）*に見られるように名詞化という手続をともなうことが多い。「無生物の主語」と「動詞の名詞化」は車の両輪である。ヨーロッパ語は同じ内容を表現するのであれば、名詞の数が多い方がベターとされる。名著と誉れの高い、ある実用的なフランス語文体論に次のような一文が読める。

フランス語の独自性は**動詞、および動詞グループが名詞および名詞グループの前から能うかぎり姿を消すことを**求めている。

（E・ルグラン『フランス語文体論』、太字原文）

「フランス語」をほかのヨーロッパ語に差し替えてもこの主張は正しいはずだ。主語（名詞）こそがヨーロッパ語の中心語である。

無生物主語の例をいくつか挙げる。

(5) わたしは彼の優しさにジーンときた。
(5)* 彼の優しさがわたしをジーンとさせた。
(6) インターネットの普及で世界が狭くなった。
(6)* インターネットの普及が世界を狭くさせた。
(7) 明治以来、積極的に欧米の文化を受け容れたおかげで日本の経済は大いに発展した。
(7)* 明治以来の欧米文化の積極的受容が日本経済を大いに発展させた。

ここに観察される「ジーンときた」「狭くなった」「発展する」（自動詞）と「ジーンとさせた」「狭くさせた」「発展させる」（他動詞）の違い（対立）に注目しよう。これは、比較文化論でよく問題にされる日本的原理「ナル」と西洋的原理「スル」の対立を統語論の面で確認したものだろう。最近では(7)はまあ自然な日本語だろう。ただ、こうした日本語でも処理しきれない、込み入った観念的な内容を盛りきるために、(5)*(6)*(7)*のような生硬な翻訳調に訴えなければならない場面は昨今いくらでもある。こんな日本語はもはや日本語ではないと純正主義者ならば慨嘆するかもしれないが、これは日本語を豊かにするためのチャンスだと私は思っている。

◆結び

ここまでに確認したように、日本語は確かにヨーロッパ語とは異なる特殊性をもっている。しかしその特殊性は普遍性に通じるものだと私は考える。日本語を合わせ鏡にすることによって、ヨーロッパ語の特殊性もわれわれは見とどけることができた。

だが翻って考えてみると、主語中心主義と述語中心主義はそんなに異質な統語原理なのだろうか。ヨーロッパ語の場合はいざ知らず、日本語の場合はヨーロッパ語と対峙することによってその表現の可能性を大きく広げてきたことは否定しえない事実だろう。その証拠に、明治以降の短期間に他の文明諸国には見られないほど日本語は大きく変貌した。

たとえば現在のフランス人の若者が十七世紀に書かれたデカルトの『方法序説』を読む場合と、現代の日本の若者が同じく十七世紀に書かれた宮本武蔵の『五輪書』を読む場合を考えてみる。フランスの若者は多少の読みづらさは感じるだろうが、『方法序説』を読めるはずだ。しかし日本の若者はどうだろうか。まず無理だろう。日本語の変化はそれほどに目覚ましいということなのだ。

その是非を今さら問うても意味がない。ただ、言えることは、日本語はヨーロッパ語のいい面を大いに取り入れたということである。このことは、少しでも込み入った内容の文章を書こうとしたら、現代日本語では「翻訳調」に頼らざるをえないという一事に照らしても首肯しうるはずだ。専門的な書き物を見れば、「翻訳調」日本語の花盛りである。

伝来の「自然な」日本語と「人為的な」日本語が並立しているというのが現在の日本語の現状である。私の見立てでは、「XにはYがある」（ナル）の文型が日本語の基層にあり、「XがYをする／所有する」（スル）がその上にかぶさっている。日本人は「思想」は翻訳調の日本語で、「感情」は伝統的な日本語で器用に対応している。現在は翻訳調が勢力を増しつつあるけれども、本来の日本語（古典）の良さも忘れるべきではない。翻訳調の日本語をさらに錬磨することと、忘れられつつある古典を見直すこと、それが現在の日本語に突きつけられた課題であろう（この問題は次章においても取り上げる）。「容」偶然的な日本語はその課題に立派に答えられるはずだ、と私は確信している。

第6章

異文化受容と伝統

——カラゴコロ今昔

◆日本の特殊性

文化において必然性と偶然性の問題はどんな様相を呈するのだろうか。これまでの考察を踏まえてこの章では、異文化受容に際してみられる日本人の独自なスタンスについてヨーロッパ文化にも目配りしながら討究してゆきたい。

必然性はみずからのうちに根拠をもつ。だから内発的である。言い換えれば文化的必然性とは伝統的なものということになる。具体的には文化、宗教、道徳などに関わる原理・原則である。中心軸である。いずれその詳細はあとで検討することにして、今の段階でいえることは文明国の中での日本の文化的孤立性である。ハンチントンは『文明の衝突』のなかで西欧文明（中南米アメリカ・北米アメリカ・オーストラリアを含む）、中華文明、イスラム文明、インド文明などに伍して、日本が一国で一つの文化圏を形成していると主張している。彼の所説には問題がないわけではないが（たとえば文明分類の尺度）、この一点にかぎっていえば私は諸手を挙げて賛成する。日本はヨーロッパと対立するだけでなく、隣国の中国や朝鮮とも対立する。ここではユーラシア大陸対日本列島という図式が描けるように思われる。

日本以外の国々は政治や文化における内発的な原理・原則をかかげて発言・行動している。よその国の島でも自分のものだと強弁する。戦争末期のどさくさに乗じて領土を拡張する。日本人はこれを不思議に思うようだが、しかしこれが国際社会の常識なのだ。自分（自国）以外は異人（敵）

なのだ。この自他の区別、これがヨーロッパの人と文化の基底にある。だから問題は対話ではない、対決なのである。

日本人にはこの対決のスタンスがなぜか欠落している。対決回避、これが日本文化を形成する一つの原動力になっている。真っ向からの対決は避けて外国の文化を取り込む。しかし自国の文化の枠組み（基盤）はしっかりと護る。しなやかにして、したたかな異文化受容のスタンスである。世界を見渡してもユニークなものといえるだろう。この日本的な異文化受容の要諦をつきとめるために、まずは日本人の心性をはぐくんできた自然について目を向けることにしよう。

日本は国土のほぼ四分の三が山林や谷や川で占められ、緑が豊かで、地形に変化の多いのが特徴である。そして日本の気候は、夏の蒸し暑さを別にすれば、緯度の高いヨーロッパの内陸部よりもはるかに恵まれている。よく日本に来たヨーロッパ人は日本の冬は天国だという。ヨーロッパの冬は厳しい。シューベルトに連作歌曲集の名作『冬の旅』（一八二七）がある。絶望と悲しみを胸にした一人の若者の旅を歌った作品だ。冬の旅は苦しい。冬の旅は昔のヨーロッパの人にとって死の旅を意味していた。旅を意味する英語の travel は労働を意味するフランス語の travaille《トラヴァイユ》と語源を同じくする。trvaille はもとは刑罰の「苦役」を意味していた。事実、中世のヨーロッパでは教会で罰当たりな行為に及んだ人間に刑罰として「冬の旅」を科した。

ヨーロッパに比較すれば、一部の豪雪地帯をのぞけば、日本の冬はしのぎやすい。「花」「月」と並んで「雪」は風雅の対象であった。日本人にとって自然は時に台風や地震や洪水をもたらす「荒ぶる」自然であるが、その一方で人間を包み込んでくれる「やさしい」自然でもある。日本人はこうした二つの顔をもつ自然と素直に向き合いながら「共生」の道を歩んできた。この点では古代の日本人と現代の日本人は一つの魂を共有している。小冊子ながら行き届いた神道解説本の一節に次のような記述が読める。

古代人は、自然を人間の対立項として観るのではなく、自分たちは常に自然と共に「在る」という意識をもとに、自ら風土との一体化を醸成し、自然の中に、また自然の「妙」に神々を感じとり、花鳥風月、山川草木にその霊力を見とったのである。優しく偉大な、そしてある時には恐ろしい自然の中に、人間が「在る」ことを忘れず、人間を包み込んでいる自然的風土を大切にする。このことこそが神への感謝と認識し、「祭り」を通して神からの恩恵の証を具象化したといえる。（『神道を知る本——鎮守の森の神々への信仰の書』）

ここには日本人の心と宗教のプロトタイプが示されている。人間と自然はつながっている。人間は自然の一部である。そして日本人は自然のなかに神を見た。神はキリスト教の神のように超越的な存在（絶対神＝唯一神）ではない。本居宣長は日本的神を、天地の諸神から人、鳥獣木草、海山などなんであれ「尋常《ヨノツネ》ならずすぐれたる徳《コト》のありて、可畏《カシコ》き物を迦微《カミ》とは云《いう》なり」と定義している（『古事記伝』）。善悪を問わず並外れた人間ならば神になれるのだ。菅原道真は「天神様」になった。平将門は神田明神に祀られている。神と人間の間はキリスト教のように「契約」ではなくて「信頼関係」で結ばれている。神は人間を見まもり（加護し）、人間が働きかける（願事をする）と応えてくれる存在だ。「祭り」は神々への奉仕であり、神々に対するもてなしである。神道は「祭りの宗教」である（「まつり」は「差し上げる」が原義）。また神道は「随神《かむながら》の道」である。それは、人間の側で作為やはからいをせず、神の御心のままに従う誠の道である。神道は人間の本性は「清いもの」と考えている。宣命中の言葉を借りれば「明浄《あかききよ》き誠の心」「明き直《なお》き心」である。

神道は神々の道である。つまり「神々からの道」（加護・恵み）でもあり、また「神々への道」（感謝・祈り）でもある。神道はアニミズムであり、パンテイズムであり、シャーマニズムである。自然発生的な宗教であって、きちんとした教義はない。それは、神々や自然、ひいては共同体への信頼と感謝に基づく、たぶんに「生活の知恵」的な性質を帯びている。むしろ教義など不要である、と宣長は断言する。

古《イニシエ》の大御世《オオミヨ》には、道《ミチ》といふ言挙《コトアゲ》もさらになかりき、故古語《ソレフルコト》に、あしはらの水穂《ミズホ》の国は、神《カム》ながら言挙げせぬ国といへり、其《ソ》はただ物にゆく道こそ有《アリ》けれ。
（『直毘霊《なおびのみたま》』）

宣長に言わせれば、道（教義）などを問題にするのは異国の賢しら——宣長は「漢意《からごころ》」と呼ぶ——のなせる業であり、わが国には無用の代物である。宣長は仏教や儒教の伝来以前の日本人の心のありかたを理想化し、賞揚する。教えだとか、道だとか、物の道理だとかが問題になり議論されるのは、それらがきちんと守られていないからだ。わが国では昔から「神ながら」に人々は仲良くお互いに助け合って生きて来たので、ことさらに「道」など問題にする必要がなかった。だから「道」という言葉がなかったのだというわけだ。「実《マコト》は道あるが故に道てふ言《コト》なく、道てふことなけれど、道ありしなりけり」(同書)。

日本人は自然を前にしてあげつらい、詮索することはなかった。観念的な思弁には興味を示さなかった。中江兆民が看破したように「わが日本 古《いにしえ》より今に至るまで哲学なし」(『一年有半』)である。ただ、原理・原則(色眼鏡)がないだけに自然についての新しい知見(発見)をすんなりと受け容れる。ヨーロッパでは地動説(大陽中心説)がキリスト教会から永く異端視された。円＝完全という呪縛のせいで天体の楕円軌道がなかなか真理として認められなかった。明治維新の少し前に発表されたダーウィンの進化論も、人間の尊厳を汚すとして激しい拒絶反応を引き起こした。日本人は地動説も進化論もなんの抵抗もなく受け容れた。自然に対して素直な日本人は「新しい」自然像も素直に承認する。何故という問いを発することもなしに。

◆物として見、物として行う

先ほどの引用文で宣長が「物にゆく道」といっていたことに注意しよう。なぜ「物」なのか。われわれはここで「物」と「心」の関係を問い直さなければならない。

西田幾多郎は『日本文化の問題』の初めの部分で、宣長の「物にゆく道」を「直に物の真実にゆくといふ意に解すべきであらう」としてから次のように続ける（強調引用者）。

> 物の真実に行くと云ふことは、唯《ただ》因習的に伝統に従ふとか、主観的感情のままに振舞ふとか云ふことではない。何処までも物の真実に行くと云ふことには、科学的精神と云ふものも含まれてゐなければならない。それは己を空くして物の真実に従ふことでなければならない、言挙げせぬとは、我見を張らないと云ふことでなければならない、真実の前に頭を下げると云ふことでなければならない。それは唯《ただ》考へないとか、妥協するとか云ふことであつてはならない。物の真実に徹することは、何処までも己を尽すことでなければならない。私は思ふ、東洋の世界観人生観の底には、西洋のそれに比して勝るも劣らないものがあつた。支那文化も印度文化も、その根柢に於て偉大なものがあつた。然るにこの何処までも真実に行くといふ精神に乏しかつたため、それは硬化し固定した。独り我国民が東洋に於て此等の文化の影響を受けながらも、西洋文化を消化し東洋文化の新なる創造者とも思はれるのは、職（＝主）として右の如き囚れることなく物そのものに行く日本精神に由るのではなからうか。

ここには西田の独自な考え方が示されている。日本文化を中国・インド思想と区別して一線を画していることは注目に値する。そしてまたその鍵を、物に対する三者のスタンスの違いのなかに見ていることも興味深い指摘だ。ただし、その経緯を納得するためには西田哲学を参照しなければならない。

一言でいえば、西田哲学は否定の論理によって支えられた自己否定の哲学である。そしてまた東洋思想を、西洋的論理を駆使して言語化したのが西田哲学だといえるだろう。

西田は西洋「哲学」（学）と東洋「思想」（教）の大きな違いをその拠って立つスタンスに見る。「西洋文化は環境即世界として環境より主体へ、東洋文化は主体即世界として主体より環境へと考へられる」（『日本文化の問題』）。西洋哲学には「物の論理」が、東洋思想には「心の論理」が支配している。「物の論理」とは物を対象とする論理であり、「心の論理」とは心を対象とする論理である。「物の論理」にあっては、主体と対象が対立し、物が対象化される。そして対象化された物は見られ、観察され、分析されて、最終的には「環境〔対象〕から主体へ」と回収される。これが「物の論理」である。

一方、「心の論理」とは主体が自己を否定する論理である。「主体から対環境〔対象〕」への論理である。自己が自己を否定して自己でないもの（＝物）になることだ。「自己矛盾的に主体が自己自身を否定して環境的となる」ことだ。この状態を、西田は独特なストックフレーズを使って「物となって見、物となって行ふ」とか「物となつて考へ、物となつて行ふ」とか説明する。言い換えれば「無」になり、物になりきることだ。物になりきるということは、デカルト以来の西洋の主観＝主体主義に対して、「絶対的客観主義」を対置することである。「物の真実に行くと云ふことは、自己の真実に行くことでなければならない。」

ところで、西田によれば、支那文化は「道徳的文化」であり、印度文化は「人間否定の宗教的文化」である。ただ、彼は東洋文化に不徹底性を見る。東洋文化の欠点は「何処まで自己自身を否定して物の真実に行くといふ論理性に乏しかった」ということにある。つまり、「心の論理」に跼蹐《きょくせき》し、物そのものへ向かおうとしなかった。この物へのスタンスの欠落のせいで「物の論理」を体現した西洋近代科学をうまく取り込めず、近代化に遅れることになった。この点で日本文化は違った。日本文化は自己否定（物化）の論理を徹底化した。そのため西洋の「物の論理」を受け容れる素地が出来ていたというわけだ。東洋文化におけるインド、中国、日本の位置づけに対する西田の説明は彼自身の哲学のバイアスがかかっていて問題がないとはいえないが、日本文化について見るべきところはしっかりと見ている。それもそのはずで、西田哲学はいうなれば日本文化の基層、「日本的」物の見方の原型を掘り起こし、それを西欧的論理で翻訳したものなのだから。あのお経を思わせる、繰り返しの多い、執拗な文章には閉口するけれども。「己を空しうして物を見る、自己が物の中に没する、無心とか自然法爾《じねんほうに》とか云ふことが、我々日本人の強い憧憬の境地であると思ふ。」

日本人は「物」にこだわる。しかもそのこだわり方は西洋人とは異なる。西洋人は「私」と「物」を分ける。「物」と「私」の間に距離を置く。マクロの視点を取る。すると「物」の必然性が見えてくる。それにひきかえ、日本人は「私」と「物」を分けない。「物」にすり寄る。ミクロの視点になる。すると「物」の偶然性が見えてくる。「無常の美」や「物のあわれ」とはそうしたミクロの視点がふと捉えた自然の「妙」である。「神ながら」「仏ながら」は芸術の立場からは「造化にしたがひ、造化にかへれ」「松のことは松にならへ、竹のことは竹にならへ」(芭蕉) ということになるだろう。ここに見られるのは「容」偶然主義としてのレンマの情理である。

◆異文化受容と「容」偶然主義

先ほど引いた文章中の「自然法爾《じねんほうに》」は親鸞の有名な言葉である。真理に則ってあるがままの状態にあること、阿弥陀仏の御心のままに身をあずけたありかた、要するに他力本願の自然体(大悟)を表す言葉である。「神ながら」ではなく「仏ながら」ではあるが自己を捨てた、あるいは自己のない「無心」を表現している点では神道と仏教は軌を一にしている。われわれは、西田を導きの糸にして「物にゆく道」を尋ね、心の自然体(無心)に行き着いた。

日本人は「物」にこだわる。ただし、そのこだわりは「所有」とはまったく関係がないことに注意すべきだ。所有が問題になるとき所有する主体(われ)が問題になる。自己主張する私の存在が前景に出る。ところが「もの」にこだわる日本的私は、「無私」である。私がないのだ。「物」になりきるとは「物」の側に立って自分を見ることでもある。このあたりの消息は道元の『正法眼蔵《しょうぼうげんぞう》』(「現成公案《げんじょうこうあん》」)の有名な文章についてみるのが一番だ。

自己をはこびて万法《まんぼう》を修証するを迷とす、万法すすみて自己を修証するはさとりなり。

［……］仏道をならふといふは、自己をならふ也。自己をならふといふは、自己をわするるなり。自己をわするるといふは、万法に証せらるるなり。

〔自己の側から対象に働きかけて、物事の真実を明らかにしようとすることが迷いである。対象の側から物事の真実がおのずと明らかにされるのが、悟りである。〔……〕仏道を学ぶということは自己を学ぶということである。自己を学ぶということは自己を忘れることである。自己を忘れるということは、すべてのものが自然に明らかになることである。〕

このくだりは仏教的悟りの本質と同時に、日本人の心の本質（心性）をも語っているように私には思われる。日本人の心の真実を先ほどは「物にゆく道」として確認したが、ここでは「物からの道」として捉え返されている。「物」になりきり、「物」の側から自分を見る視点――これが日本人の心を解く鍵だ。これは「物」についてだけでなく、実は対人関係にも見られるスタンスである。

この日本人に独特な対人関係のスタンスを問題にしたのが、森有正の「私的二項方式」あるいは「二項関係」である（『経験と思想』）。この考え方をかいつまんで説明すれば次のようになる。日本人の人間関係は「我―汝」という対立的な「切れた」関係ではなくて、「汝―汝」という親密な「つながった」関係である。つまり日本的な「私」は相手に直接的に向き合うのではなくて、いったん迂回し、相手の側から間接的に見られた私である。「汝」（相手）の鏡に映し出される「私」である。日本的な「私」は相手の側に身を置き、相手の反応を常に意識しながら行動する。自己を強く主張せず、むしろ相手を立てる。日本的「二項関係」は関係の親密性と方向の垂直性（上下関係）という二つの特徴をみせる。

もっとも、森自身は「二項関係」を否定的に捉えていた。なぜなら、こうした二項関係が閉ざされたウチという世界を形成し、その中での相互陥入という居心地のよい甘えの関係をもたらすと考えたからだ。ひいては、そのことが自立した個人の形成を妨げるとも考えたのだ。そして森は、この「二項関係」を手がかりにしてヨーロッパを参照しながら、親子、社会、歴史、日本語などさまざまな問題に目を向け、日本人、日本文化のありかたに批判的な考察を展開した。しかし私は「二項関係」を、日本人の心のありかたを巧く捉える概念装置として評価する。

森の観察からはこぼれてしまったが、日本には非常に興味深い言語習慣がある。子供に話しかけるとき、母親が「ママは」「お母さんは」と言う。また子供が生まれると、自分の母親を「お母さん」と呼ばずに「おばあちゃん」と呼ぶ。あるいは他人の子供に向かって「おじさんはね」と話しかける。これに類する表現は日本語でよく見られる。そこに見られるスタンスは共通で、話し相手になりきって、相手の視点から自分を捉え返して表現しているのだ。「恥の文化」も私的「二項関係」の文化版である。日本人は他人の動静が気になり、相手の評判を気にする。この日本人の習性を見事についたジョークがある。

船が遭難し、救命ボートは定員オーバーです。誰かに諦めてもらうしかありません。船長はどう説得したでしょうか。

アメリカ人に対しては、

――ここで自己犠牲の精神をみせればヒーローになれますよ。

イギリス人に対しては、

――あなたを紳士と見込んでお願いします。

ドイツ人に対しては、

――あなたは、飛び込まなくてはならない。それがわたし、船長の命令です。

日本人に対しては、

――あなたは飛び込まなくていいんですか？　ほかの方はみなさん飛び込むと言っていますよ。

ここで揶揄されているのは、日本人の主体性のなさである。我（原理・原則）のなさである。私の周りにいる外国人の同僚が日本人にはなにかが欠けているとよく口にするが、まさにこの点を衝いているのだろう。我の強い彼らには、我のないということがどういうことか理解できないらしい。

私的「二項関係」は「容」偶然主義の人間関係版と言えるだろう。

「容」偶然主義と芸術の関係はここまで随所で俎上に載せてきたので、今度は「容」偶然主義を文化の領域で確認することにしよう。

日本は文化においても、外発的な「容」偶然主義に従っている。その昔の仏教の伝来、中国文化の移入、近くは欧米文化の輸入にそのことがよく示されている。そのすばやい反応は驚くほどだ。相手の方が上であると認めたら、それまでの原理・原則などあっさりと放り出してしまう。その詳細については後ほどゆっくり取り上げることにするが、とりあえず身近な例で基本的確認をしておこう。

たとえば明治期に西洋画・洋楽が本格に取り入れられると、伝統的な日本画・邦楽は省みられなくなり、学校教育では「西洋のもの」しか教えられなくなってしまった。もし日本のものが本当に劣っているのであれば仕方がないが、そうでもなさそうなのだから不思議である。フェノロサのような外人に日本の美術のよさを教えられる始末である。

とにかく、日本人の変わり身の早さは目をみはるほどだ。このことは、日本人が内発的な自前の原理・原則（必然性）をもっていないことをよく示している。もしそうしたものがあれば、とうぜん激しい葛藤があったはずだ。西洋文化を前にしたときの中国や朝鮮のように。日本は、外発的な他者（異国）の原理をすんなりと受け容れてしまうのである。

異文化が交差したときにその文化の特徴が一番よく現れる。日本の場合を考える上でも大いに参考になると思われるので、まずヨーロッパの場合を手短におさらいしておこう。

◆ヨーロッパ文化は恐ろしい

日本は近代ヨーロッパ文化を孜々《しし》として取り入れようとしたが、その当のヨーロッパ人は異文化に一体どのように接したのだろうか。

はじめに結論をいっておけば、ヨーロッパ文化とは本当に恐ろしい文化である。おのれの原理・原則を貫き、他にも強要する独善的＝侵略的文化である。自分たちだけが人間であり、非ヨーロッパ人を「虫けら」同然に扱う傲慢不遜な文化である。「われわれにとっては、人ということの本当の意味はヨーロッパ＝アメリカ人のことであった。その他は「土人」であった」（リン・ホワイト／青木靖三訳『機械と神』）。

西洋流の文化的必然主義とは、世界の中心に自己を定位し、自分の物差しで世界を解釈する自己中心的なスタンス（中華思想）のことだ。すでに示唆したように下世話でいう「我の強さ」である。要するに、ヨーロッパ人は我が強いのだ。それも並たいていの強さではない。多くの国が国境を接してひしめき合う厳しい状況下では、原理・原則をかかげないと（我を張らないと）、やっていけないという事情もあるのだろう。そして我の強いということは、思い込みの激しいことであり、こだわりの強いことである。思い込みの激しいヨーロッパ人が一神教のキリスト教をみずからの宗教としたことは、興味深い事実と言わなければならない。我の強い宗教を取り入れたからヨーロッパ人は我が強くなったのか。はたまた、我が強いヨーロッパ人がキリスト教に格好の思想的バックボーンを見いだしたのか。話は「卵と鶏」のたとえめくが、とにかくキリスト教を信じるヨーロッパ人が恐ろしく排他的で、独善的であることは否めない。

すでに指摘したようにヨーロッパの哲学は必然性を求めたが、必然性（原理・法則）を求める心性とその文化の独善性（自己中心性）は通底している。必然性は自己の内部にしかその根拠を見いださない。必然的なものを求めるヨーロッパ人は、「外部」あるいは「他者」に拠り所を求める必要はない。また「外部」あるいは「他者」を認めようともしない。建国以来「外部」を手本にして文化を形成してきた日本とはえらい違いである。

一神教のキリスト教を信じるようになってから、ヨーロッパ人の排他性・独善性に拍車がかかったことは事実だ。キリスト教を信じない人間は救われない人間であり、ヨーロッパ以外は外部である（すでにギリシア人たちは自分たち以外の人間を「バルバロイ」（野蛮人）と蔑んだ）。「アメリカ大陸発見」――この呼び方（受けとめ方）はヨーロッパ人の独善主義（思い上がり）を示して余りある。それは「発見」でも何でもない。すでに土着の人々が生活していたのだ。ヨーロッパ人が知らなかっただけだ。彼らは土着の人々を自分たちと同等の「人間」とは認めなかった。存在しているのに目に入らず、無視したのである。

ヨーロッパは非ヨーロッパ的世界を政治的に侵略しただけではない。文化的にも侵略した。非ヨーロッパ的世界を無理やりヨーロッパ化しようとした。たとえばキリスト教の布教。ヨーロッパ人は土着の「文化」を認めなかった。ヨーロッパ人以外は野蛮人であり、文明の恩恵に浴していない、同情すべき、あわれな人間と思い込んでいた。こうしたヨーロッパの文化的侵略は悪意ばかりではなく、善意からも発していたことは認めなければならない。にもかかわらず、そこにはやはり普遍的に真理であるヨーロッパ文化（必然性）を蛮地に施してやるのだという傲慢を指摘することができる。土着の人々からすれば、それは文化の押しつけであり、余計なお節介であったはずだ。これまでの世界の歴史のなかでヨーロッパ文化ほど侵略的なものはなかった。近代科学がもたらした圧倒的な軍事力のせいである。

これを要するに、ヨーロッパ人は略奪＝侵略には走ったけれど、異文化摂取にはほとんど関心を示さなかった。非ヨーロッパ文化への関心は異国趣味《エキゾチシズム》（オリエンタリズム、中国趣味《シノワズリー》、日本趣味《ジャポネズリー》）の域を超えるものではなかったのだ。文化における内発的必然主義の当然の結果である。

◆遣隋使・遣唐使の意味

日本は異国の文化に対してヨーロッパとはまったく違った反応を示した。

日本人は猿真似は上手だが、独創性に欠ける——これはよく耳にする批判だ。もちろん、この批判は一面の真実をついているだろう。しかし模倣が上手いということも一つの才能にはちがいない。模倣することさえできない人間だっているのだから。事大主義や旧套墨守には発展は望めない。伝統に囚われない精神の柔軟さは大切だ。模倣するということは、好奇心（精神の柔軟さ）の表れにほかならない。

日本人は非常に好奇心の強い国民である。初めて日本に来たヨーロッパ人（宣教師）たちは日本人の好奇心の旺盛さにびっくりした。この反応は昔も今も変わらないようだ。自分たちに都合の好いもの、役に立つものなら、なんにでもすぐに飛びつく。その昔、日本人は文字（漢字）も宗教（仏教）も政治体制（律令制）も大陸から取り入れたのだ。

昔から日本人はその時代時代の先端文化（最強国）に敏感に反応してきたが、その文化受容はどんな風になされてきたのだろうか。どんな特色がみられるのだろうか。遣隋使・遣唐使に代表される奈良・平安時代の異文化受容のあり方は、日本人が外国文化にどう反応するかを原型的に示している。

第一回遣隋使派遣が西暦六〇〇年、最後の遣唐使派遣が八三四年、二百数十年のあいだに二〇回ほど。機械的に平均すれば十数年に一度の割合だ。この派遣回数は時間感覚が当時と今ではかなり違っていたはずだという点を考慮しても、教科書などで大きく取り上げられている割には思いのほか、いや、びっくりするほど少ない。この程度の派遣回数で、日本の文化の流れを左右するほどの大きな影響力を本当にもちえたのだろうか。

派遣回数が少なかったのは、たびたび実行できなかったという事情があったからだろう。当時は季節風の知識もなく、中国への渡航はそれこそ命がけの危険きわまりない冒険だった。事実、難破したり漂着したりして、目的の地にたどりつけなかった例も多かった。だとすれば、そんな危険も省みず、一回の船団で時には五百名を越える人々が大陸を目指したということは瞠目すべき事実だろう。しかも、その多くが国家にとってかけがえのない人材、留学生や留学僧で占められていたのだ。当時の日本人が大陸文化にいかに熱い思い入れをしていたかが分かろうというものだ。

では、大きな危険を冒して海を渡った大勢の留学生や留学僧はかの地で何をしたのか。もちろん、学問の研鑽に励んだ。それは言うまでもないだろう。だが、彼らはさらに別のこともした。書物を集め、教典を書写したのだ。それはすさまじいばかりの努力であった。その実態をうかがうには、井上靖の名作『天平の甍』に出てくる無名の僧を思い浮かべればよい。その僧は仏教哲理を極める能力が自分にないことを悟ると、教典の筆写だけに自分の使命を見いだすことになる。教典を求めて広い唐土をさすらう。貴重な教典に出会うと、寺に立てこもってひたすら書き写す。そのひたむきな姿は感動的ということを通り越して、鬼気迫るものがある。

しかし、何が彼をして「筆写魔」に駆り立てたのだろうか。日本を思う熱い思いだった。日本文化発展のために人身御供になることを、彼は決意したのだ（くだんの僧は故国へ帰る途中嵐に遭い、長年の書写の成果とともに海底の藻屑と化す）。自己を棄て、捨て石になること。自己を主張すること――学問的業績をあげ、自分の栄誉を求めること――ではなく、自己を殺し裏方に徹すること。「滅私奉公」という古めかしい言葉が思い出されるところだが、実に日本的な発想である。「自己を否定して物（国家）になる」のである。少なくとも我の強い、自己主張の激しいヨーロッパ人にはとうてい理解しがたい、謎めいた行動パターンだろう。

そうした努力の甲斐あって、舶載された仏教教典の量は、当代中国のそれに匹敵するといわれた。これはまさに国家主導による大がかりな文化的「略奪」である。たとえば、空海とか最澄がわずか一年前後の留学で新しい宗派を起こすほどの具体的な成果をあげえたのは、持ち帰った膨大な教典のおかげであったと言ってもいいだろう。

◆文字を通じての文化受容

文字を通じての文化受容。思えば、ここに日本人の異文化に対する基本的スタンスがあった。この構えはもう一つの大がかりな異文化受容をおこなった明治以降にも引き継がれることになる。だが、当然ここで反論が予想される。文化受容は文字を通じておこなわれるのは当然ではないのか。他にどんな方法が考えられるのか。人間と人間の対話（会話）を通じての文化交流である。日本人はこれが苦手だ。そのことが重要だということを知らないわけではなかっただろう。しかし「書かれたもの」（文字）の方を信頼し、重視する。実をいうと、これは日本人の現実主義（プラグマティズム）と関係がある。

根本的には日本人は目に見えるものしか信じない。「形ある」ものとは目に見えるもののことだ。目に見えないものは存在しない。ヨーロッパ人は原理原則・大義名分を求める。彼らは古来、イデアとか、善とか、神とか、常に超越論的絶対者を必要としてきた。それが彼らにとっての「形ある」ものだった。目には見えなくともそれは実在として存在するのである。その意味ではヨーロッパ人は日本人から見て恐ろしく観念論者である。ヨーロッパ人は目に見えない、超感覚的なものの実在を信じる。そこに大いなる価値を認める。昔から現在までヨーロッパで血で血を洗う宗教戦争が繰り返されるゆえんである。ヨーロッパ的な意味での宗教戦争は日本には起こらなかった。

単純化の誹りを恐れずに極論すれば、目に見えない実在を信じるか信じないか、これが日本人とヨーロッパ人を分ける物差しである。日本人は目に見えるものしか本当には信じない。

かりに言葉を音声と文字に分けてみる。ヨーロッパ人は言葉は音声だと考える。彼らは文字は二次的なものと見なす。音声言語を「記号」とすれば、文字言語は「記号の記号」にしかすぎない。この言語観をよく示す下世話の例がある。教養のないヨーロッパ人は綴りのでたらめな、ちんぷんかんぷんな文章を書くことがある。そんな時には彼らの文章を文字としてではなく、発音記号のつもりで読んでみるとよい。意味が通るのだ。

もうかなり以前のことになるが、デリダの『グラマトロジーについて』（一九六七）という難解な本が日本でも大評判を呼んだことがある。ややこしい議論をはしょればそこでデリダは、ヨーロッパの知の伝統では抑圧されてきたエクリチュール（文字言語、書かれたもの）の復権を企図していた。デリダの煩瑣な議論そのものは余りぴんと来なかったが、あのように精緻な理論武装やアクロバット的な戦略を駆使しなければならないほどに音声言語中心主義がヨーロッパの文化を貫いているのだという事情はよく理解できた。

恐らくヨーロッパ人から見たら日本人の文字（書かれたもの）へのこだわりは常軌を逸した不可解な代物だろう。音を無視（捨象）して言葉に対するなど論外のはずなのだ。しかしながら、日本人はそれを平然とやってのけたのだ。その象徴的な事例が例の漢文の「訓読」である。その異常さを示すために英語を書きくだし文で読んでみよう。

ユーとアイはトゥモローにトラヴェルする。

確かに珍妙な日本語だが、日本語ではある。これは一種の訳読にはちがいないけれども、言語音を完全に切り捨てた変則的方法だ。形式（器）はどうでもいいから内容（中身）だけを頂戴するという虫のいい話（実利主義）である。

◆訓読と漢意

音声を無視してひたすら文字だけに関心を集中する訓読の発明に、すでに問題にした日本人の「物」へのこだわりを指摘することができる。日本人は目に見える具体的な「形ある」もの（個物）にこだわる。日本人が超感覚的＝超自然的な絶対者（神）に関心を示さず、現世主義・現実主義を奉じることについてはすでに確認した。この「形ある」ものへのこだわりは日常的には贈り物やお土産の習慣によく示されている。盆暮れの付け届けや旅行したときのお土産。実に日本人は心を表現するのに「物」のお世話になる。ただ訓読の発明に関していえば、「物」へのこだわりは原因の一つにすぎない。訓読のプラグマティズムには別の原因も求めなければならない。

文字をもたない状態のところに文字を持った外国語が入ってきたときのことを想像してみよう。優れた異国の情報に興味を示し、それを理解しようとするのは庶民ではない。かならず社会の上層階級に属する外国語を使うことのできるエリート（二重言語者）たちである。そうなると、また必ずその外国語を運用できる少数のグループとそれ以外のグループに分かれる。一つの国の中に二つの言語が存在することになる。二重言語国家の出現である。昔の漢字文化圏でも、近年の植民地化されたアフリカでも見られた現象である。こうした二重言語国家のゆゆしい問題は、国民のほとんどにとって外国語でしかない言語がその特権性ゆえに国を動かすという変則的な事態が招来されることだ。それが引き起こす混乱や困難はここで改めて述べるまでもあるまい。周知の事実である。しかし、そうした負の状態を避けようとすれば、文明から取り残されるという別の負の状態が待ち構えている。そして、ほとんどの国が前者を選んだ。ただ、そうした経緯のなかで日本だけは、このジレンマを訓読という「放れ業」（小林秀雄）で解決した。

なぜこんな放れ業が可能だったのか。たとえば、内発的な必然主義を奉じるヨーロッパは外国の文化にちょっぴり興味を示すことはあっても、「かぶれる」ことはなかった。しかし歴史上、日本は大きな「かぶれ」を二度経験した。その第一回のかぶれの悪影響を本居宣長は「漢意《カラゴコロ》」として告発した。

漢意《カラゴコロ》とは、漢国《からくに》のふりを好み、かの国をたふとぶのみをいふにあらず、大かた世の人の、万の事の善悪是非《ヨサアシサ》を論《あげつら》ひ、物の理《リ》をさだめいふたぐひ、すべてみな漢籍《カラブミ》の趣なるをいふ也、さるはからぶみをよみたる人のみ、然《しか》るにはあらず、書といふ物一つも見たることなき者までも、同じこと也、そもからぶみをよまぬ人は、さる心にはあるまじきわざなれども、何わざも漢国《からくに》をよしとして、かれをまねぶ世のならひ、千年にもあまりぬれば、おのづからその意《ココロ》世ノ中にゆきわたりて、人の心の底にそみつきて、つねの地となれる故に、我はからごころもたらずと思ひ、これはから意にあらず、当然理《シカアルベキコトワリ》也と思ふことも、なほ漢意をはなれがたきならひぞかし、そもそも人の心は、皇国《みくに》も外《と》つ国も、ことなることなく、善悪是非《ヨサアシサ》に二つなければ、別《コト》に漢意といふこと、あるべくもあらずと思ふは、一わたりさることのやうなれど、然《しか》思ふもやがてからごころなれば、とにかくに此意《このこころ》は、のぞこりがたき物になむ有ける、

(『玉勝間』「からごころ」)

この文章に関連して小林秀雄はその評論『本居宣長』の「補記」のなかで次のような感想を漏らす。「一読したところでは、まことに曖昧で、要するになにが言いたいのかと問いたくなるような印象を、先ず大概の読者は拭えまいと思う。」本当にそうだろうか。私はむしろ逆の印象を抱いた。一読したところ、まことに明快だった。だが、読み返していくうちに段々その真意が分からなくなった。

表の意味は分かりやすい。要するに、漢国（中国）の文化は普遍的なものであり、絶対的に正しいものであるという悪い考え方（カラゴコロ）がわが国に蔓延していて、中国の書物を読まないような庶民までもその考え方に染まってすべて中国風をよしとし、日本人の本来のありかたを忘れている。じつに嘆かわしく困った事態である。宣長の目には日本の文化が本末転倒の異常な状態に陥っていると映ったのだ。これが表の意味である。

表の意味の理屈は理解できる。ただ、これから派生する理屈が理解できない。それはたとえば、このようにカラゴコロを問題にすること自体がカラゴコロのなせる業なのだ、宣長は自縄自縛に陥っているのだといった揚げ足取りの次元の問題ではない。もっと本質的な問題である。つまり「道」という概念をなしで済ますとはどういうことなのか。原理・原則を立てずに自然体で行くことは本当に可能なのか。カラゴコロが現に猖獗を極めているのはなぜなのか。つまり、宣長はカラゴコロという悪しき現象を暴露しているけれども、その現象の、拠ってきたる原因＝理由を究明しようとはしていないのだ。われわれの言葉で言い直せば、宣長は異国の文化的必然主義の弊を説いているだけで、なぜその文化的必然主義がこの国の人たちによって受け容れられることになったのかという問いに答えていないのだ。実をいえば、こちらの問題のほうが重大である。ところが、この疑問を追いかけていくと、われわれはとんでもない迷路に迷い込んでしまうことになる。そこで問題になるのは、中国文化を取り入れた際の偶然的対応、漢文訓読の「放れ業」の謎である。

◆カラゴコロが日本を救った

訓読の問題に犀利な分析を加えたのは長谷川三千子である。長谷川は『からごころ』所収の同名の論文のなかで小林秀雄の読解を出発点にして、漢字文化圏の動静にも広く目配りしながら、瞠目すべき独自な論を展開した。その錯綜する理路を私なりにまとめれば次のようになる。

訓読は二重言語国家になることを防ぐための、じつに巧妙な発明であった。中国語を骨抜きにする排除の方略であった。この発明を可能にした理由は徹底した「無視の構造」に求められる。「無視の構造」は具体的には二つの形で現れる。一つは中国語の「音声」を無視すること、もう一つは訓読の「不自然さ」を無視することである。

先ず第一の点から。音声を無視することによって中国語の文字列は視覚的対象（物）になる。音としての言語はその「線状性」ゆえに不可逆的である。一方向に流れてゆくだけで、後戻りはできない。それにひきかえ、文字列なら自由に後戻りできるし（返り点）、符号を付加することもできる（添え仮名）。たとえば「朝聞道 夕死可矣」は添え仮名と返り点をつけて「朝《あした》（ニ）道《みち》（ヲ）聞《き》（カバ）夕《ゆうべ》（ニ）死《し》（ストモ）可《か》（ナリ）」と訓む。「返り点」「添え仮名」は中国語と日本語を橋渡しするツール、プログラム言語である。訓読という方法は中国語を単なる純粋な「視覚情報システム」に変えてしまう力業にほかならない。「物」（文字という形）にだけ関心を集中できる日本人の心性のなせる業である。

次は、訓読の「不自然さ」を無視すること。実は訓読に似た方法は日本に先立って朝鮮半島でも試みられたことがある。「吏読《イドゥ》」である。しかし長続きしなかった。なぜか。国境を接し、中国語が流入しやすい環境であったせいだ。なまの中国語に接する機会が多ければ訓読の「不自然さ」は嫌でも目につく。訓読が成功するただ一つの条件は、中国語の影を断ち切ることだ。無視することだ。ここに見られるのは、無視していることにも気づかないほどの徹底した「無視の構造」である。

「仮名」の発明もまた漢字を単なる「音をうつす道具」と割り切る無視の姿勢から生まれた。中国の「仮借」や「音訳」（たとえば仏陀《ブッダ》）はいまだ「漢字言霊」（意味）に囚われていて、「仮名」とは似て非なるものである（エイズが問題になりだした頃、中国で「愛死」と音訳したが、あまりにも出来すぎていて破棄されたという）。

しかし、話はここで終わらない。まだ先がある。ここに見られた「無視の構造」——実はこれこそがカラゴコロの正体であったと長谷川は主張する。ここだけはぜひ、本人の証言に耳を傾けることにしよう。

漢意は単純な外国崇拝ではない。それを特徴づけてゐるのは、自分が知らず知らずの内に外国崇拝に陥つてゐるといふ事実に、頑として気付かうとしない、その盲目ぶりである。「我はからごころもたらずと思ひ、これはから意にあらず、当然理也と思ふ」

と、これこそが漢意の本質的な構造であつた。

これが、訓読と仮字を生み育てた「無視の構造」そのものであることは、あらためて断るまでもあるまい。先ほどの話をおし縮めれば、訓読も仮字も、つまりは「我は漢字《からのもじ》もちゐずと思ひ、これはからの字にあらず、ただ当然《あたりまえ》の字也と思ふ」ことによつて生まれた方法だといふことになるのである。

宣長はカラゴコロを糾弾したが、皮肉にもこれこそが日本を二重言語国家になることから救ったということになる。カラゴコロとは、普遍的な原理・原則（道）があるとする必然主義を受け容れることである。古人は「道」をちゃんと実践していたので、敢えて賢しらに「道」を言挙げしなかったという『直毘霊《なおびのみたま》』の宣長の言葉はすでに紹介した。宣長は、言挙げすること、あげつらうことを本来の自然で純な状態からの逸脱であり堕落である、と裁断する。原理・原則（道）の無用さを主張する。自然体で行くことをよしとする。ここでわれわれは重大な「逆説」の前に立たされる。カラゴコロに毒されなかった古人は原理・原則の必要を認めなかったと宣長は主張するが、それは本当だろうか。先ほどわれわれは、宣長はカラゴコロがなぜ生まれたのかその理由を説明していないと難詰した。宣長に代わってその答えをいえば、実は原理・原則なんかなかっただけのことなのだ。なかったから――いや、なかったのに――それで満足していた。ところが、たまたま中国の偉大な文明が外からやって来た。いいもの、便利なもの（原理・原則）ならそれに飛びつかない法はない。その結果がカラゴコロなのである。この場合、「無視の構造」は駄洒落めいて申し訳ないが、「無私の構造」である。カラゴコロなき古人の純な心とは「明き直《なお》き心」であり、「物にゆく」心である。内なる原理・原則は持っていないけれども、外なる原理原則は素直に受け容れる。これが日本人の心性の原型であり、基層である。カラゴコロとは、外発的な原理・原則に寄りかかる、日本文化の「容」偶然主義の別名にほかならない。

ここでの問題と関連して、石田一良《いちろう》の神道＝「着せ替人形」説が思い起こされる。「着せ替人形」説とはおおよそ次のような説である。神道は稲作農業が始まった弥生時代にその「原質」が形成され、それ以来、その時々の宗教や思想と結びついてその外観（衣装）は変わったように見えるが、その本質（人形）は変わっていない。不変の核（core）がある。この説は日本文化の本質、折衷主義をよく表している。たとえば平安時代の「本地《ほんじ》垂迹《すいじゃく》」が好い例である。この説は、仏が本来の姿（本地）であり、神は仏が日本人を救うために仮の姿（迹）となって現れた（垂）のだとする神仏習合説である。異国の原理・原則（仏教）を立てている点がいかにも日本的である。

すでに見た仏教の無常観の日本的変質も、この点からすれば当然すぎる結果であったということになる。インド的無常観は日本文化の「原質」に影響されて変容した。この現象は、日本人（人形）は変わらず、仏教（衣装）が変わってしまったと見ることもできるだろう。周知のように、キリシタンは日本の文化的「容」偶然主義とそりが合わず布教に失敗した。しかし、日本人が信じたキリスト教自身がすでにして変質していたのではなかったか。この問題を取り上げたのが、遠藤周作の長篇小説『沈黙』である。

『沈黙』は、キリシタン禁制時代（島原の乱が鎮圧されたころ）、布教のため日本に潜入した若いポルトガル人司祭たちの苦闘・苦悩をつづった小説である。司祭のロドリゴがまもなく捕えられ、苛酷な拷問の末に棄教を強いられる。煩悶する彼の前に、以前日本に潜入し、すでに転んでいた先輩司祭のフェレイラがあらわれ、次のようにたたみ込むように言い含める。

「お前の眼の前にいるのは布教に敗北した老宣教師の姿だ」

「知ったことはただこの国にはお前や私たちの宗教は所詮《しょせん》、根を下ろさぬということだけだ」

「この国は沼地だ。〔……〕どんな苗もその沼地に植えられれば、根が腐り始める」

「この国の者たちがあの頃信じたものは我々の神ではない。彼等の神々だった。それを私たちは長い長い間知らず、日本人が基督教徒になったと思いこんでいた」

「だが聖ザビエル師が教えられたデウスという言葉も日本人たちは勝手に大日《だいにち》とよぶ信仰に変えていたのだ」

「彼等が信じていたのは基督教の神ではない。日本人は今日まで神の概念はもたなかったし、これからももてないだろう」

このフェレイラに託して語られた言葉は原作者の思いでもあったはずだが、日本文化の本質をじつに見事に表現している。

◆訓読から漢字仮名混用法へ

漢字は四世紀ごろ朝鮮半島を伝って日本に伝わったことは知られているが、訓読という画期的な方法を誰が発明したのかは、残念ながら特定されていない。思うに、訓読は放れ業というよりは異なった言語系列の偶然的交差の落とし子であった。訓読という、この偶然の思いつきは、その後の日本文化の歴史を大きく変えることになる。「カオス」のようにといってもいいほどに。外国の有益な情報（漢才）を入手する手段にとどまらなかった。「和魂」を十全に表現する言葉（書き言葉）を産み出すことにもなったのだ。漢字仮名混用表記法（以下「混用法」と略記）である。混用法は世界でも類を見ない三本立ての表記法である。これは大変な大発明であった。それまでの日本語（話し言葉）は「感情」を表現することはできたが、「思想」を表現できる手立てがなかった。混用法は高度な抽象的＝観念的内容を表現することを可能にした。これがどんなにすごいことであったか、それは現代の日本語も基本的にはこの発明の恩恵に浴していることからも分かるはずである。

では、この混用法の優れている点はどこにあるのか。異国の知識の「翻訳」に向いているということだ。「思想」を、そのまま漢字を使って移すことができる。輸入された思想＝漢語は本来の大和言葉と形の上で区別されながら日本語の語彙になる。取り入れた漢語が増えれば増えるほど日本語の「思想」表現力は高まる。そのうちに、取り入れた漢字・漢語を使って和製漢字・漢語が生まれることにもなる。漢字はギリシア語・ラテン語と同じように（あるいはそれ以上に）造語能力が高いのが特徴だ。こうして日本語は「思想」表現用の硬質の文体（漢文訓読文）と「感情」表現用のやわらかい文体（ひらがな文）を持つことになる（この両極の間にはさまざまな段階の「和漢混淆文」がある）。つまり、中国語などまるで知らなくても、中国の思想を読む＝理解することができるようになる。もし混用法が発明されなかったならば、少数の選ばれた二重言語者《バイリンガル》だけのものであった高度な知識（漢才）が、多くの日本人に共有されるようになる。「和魂漢才」である。めでたしめでたしである。

だが、話はそれだけではなかった。現在のルビのように使われていた漢字（万葉仮名）が簡略化のために、「部分」を取った片仮名と、「全体」を崩した平仮名に分かれた。つまり、日本独自の文字の発明である。そして、漢文訓読文から漢字仮名交じり文が派生することになるが、その過程で漢字（と片仮名）が「外」用、平仮名が「内」用という使い分けが確立していく。つまり外来語は漢字で書き、大和言葉は平仮名で書くということだ。日本語の文法そのものはなんの損傷も受けない。関係するのは文中の漢字の部分だけなのだから。外発的なもの（漢才）をどんどん自由に取り込みながら、基層の日本語（和魂）は不変という構図である。外から取り込んだものはいつまでたっても日本化＝内面化することがない。両者は表記の上でも截然と区別されている。自分より優れた文明に対しては心を開くが、根底のところでは変わらない部分（基層＝原型）を残す。混用法は、第5章で確認した日本語の統語論的「容」偶然主義を文字遣いの面から支えている。

以上の記述は、日本文化を説く鍵を、日本語の「漢字仮名交じり表記」に見た柄谷行人の「文字論」に主に寄りかかりながら、少しく私見を交えての説明である。そして「文字論」は次のような示唆的な文章で終わっている。

外のものはどんどん入れるが、それを内面化しない。たとえば、片仮名の概念は、いつまで経っても相変わらず外国のものです。たとえば、日本の文化の本質などという場合、人は、禅をもってきたり、神道をもってきたり、武士道をもってきたり、『源氏物語』をもってきたりする。時には、儒教をもちだしたりもする。そのときの都合で、何でももってくる。しかし、それはむしろ原理が何もないことを意味しています。

実は、日本の原理というのは、何を入れても構わないような、ゼロ記号みたいなものです。それは、外のものに「抑圧」されないような「排除」の構造をもっていることによるのです。そして、それは、われわれがふだん毎日やっているもの、つまり、読んだり書いたりしている、あの文字の表記法に、深く関係しているのです。

◆和魂漢才から和魂洋才へ

このカラゴコロの問題は宣長の時代だけでなく、半世紀ほど後の幕末から明治にかけてまたもや再燃するのだ。今回は国家存亡の危機のなかで。

「累卵の危うき」という言葉があるが、幕末から明治にかけての日本の置かれた状況はまさしくそれだった。英米仏露は領土的野心をむきだしにアジアを舞台に植民地獲得競争にしのぎを削っていた。列強の植民地にならないためには日本に残された道はただ一つ、文明開化＝富国強兵しかなかった。

明治初年（一八六八）から一〇年代末までは欧化主義が特に盛んであったが、問題になったのは形を変えた漢意《からごころ》、つまり「洋意」である。ここでも眼を引くのは日本人の変わり身の早さである。隣国の中国と朝鮮は内的な原理・原則（伝統＝必然主義）が邪魔になって西洋の文物をなかなか輸入しようとしなかった。日本は「容」偶然主義のおかげで有用な知識・物産（洋才）をどんどん取り入れた。

やったことは対中国文明と基本的には同じ戦略であった。翻訳である。当時の大言語であるヨーロッパ語（英独仏）を翻訳したのだ。ただ今度は、すでに長いあいだ使用して使い勝手の分かっている漢字・漢語を存分に利用できた。ヨーロッパの概念・思想を翻訳するために、あるいは漢籍を探したり、あるいはあらたに造語したり、あるいは元の意味を変えて使ったりしながら漢語を動員した。啓蒙的欧化主義者たちの努力のおかげで西洋の学問の主要な概念はほぼ漢字（日本語）に置き換えることができた。最初は外国人教師によってヨーロッパ語で学問が伝授されたが、そのうちに日本人の学者が育ち日本語で学問ができるようになった。漢語による翻訳語のおかげである。

現在の日本人は日本語で学問できる有り難さをとかく忘れがちであるが、これは実にすごいことなのだ。現在でも中国や韓国のエリートの卵たちは学問をするために英語を修得しなければならない。日本人がほかのアジアの人に比べて英語力が劣るということがしばしば話題になるが、当たり前のことだ。要するに英語に対する気合いの入れようの違いである。語学学習というのは、才能・センスということを脇に置けばモチベーションが決め手だ。その証拠には明治の初期の頃の日本のエリートたちはみな語学が堪能だった。西洋に追いつかなければと必死だったからだ。夏目漱石もそうだった。彼は外人教師のもとで英語で英文学を修め、日本語で英文学を講じた。

中国の思想を輸入するには漢文訓読文で応じたが、西洋文明に対しては漢文訓読文を発展させた翻訳調の「漢字仮名交じり文」で対処した。外来語は漢語、あるいはカタカナ語が引き受けた。そして注目すべきことはこの「翻訳」の過程で「国語」が成立したことだ。「言文一致」運動の成果である。

書き言葉を持つことはその文化にとって決定的なことだ。だから、日本が異文化受容の二つの時期にそれぞれの書き言葉を発明したことは、決定的なことだった。中国文明と西洋文明のエッセンスを書き言葉、つまり翻訳の日本語で取り入れることが可能になったからである。

◆和魂洋才の現在

ここまで見てきた異文化受容の歴史で、日本がぐるりを海で守られていたという自然的条件は大きな比重を占めていた。だが、現在、この自然の防壁がこれまでのように大きな恵みをもたらさなくなりつつある。インターネットの発達である。今、われわれは「グーテンベルクの活版印刷術」以来、最大の文化的転換期に立ち会っている。インターネットの情報には「国境」はなきに等しい。一瞬のうちに地球の向こう側の人と情報を交換できる。しかもインターネットの普及は「英語帝国主義」に拍車をかけて、現代を「英語の世紀」にしつつある（いや、したと言うべきか）。英語帝国主義は大英帝国の遺産（英語圏）もあるが、アメリカの強大な威光があずかって力がある。

いずれにせよ現在、日本は英語帝国主義にどう対応するか迫られている。それにまた、第二次大戦後からの日本の「米国化」の問題もある。和魂は洋魂（米魂？）になりさがっているのかもしれない。「日本人とは何か、ひと口で言ってみる。それは「にせ毛唐」だ。西洋人になりたくてなりそこなったものだ」という山本夏彦の言葉を前に引いた。ここでのコンテクストでいえば、現在の日本人は「西洋人になりそこなった」という意識もなく、西洋の影響を受けているということだ。ここに見られるのは宣長が糾弾したカラゴコロの現代版、「内なる欧米」である。和魂は一体どうなるのか。洋才をどう考えたらいいのか。日本はどうしたらいいのか。問題を極度に単純化してしまえば、これは「国語」と「外国語」の問題である。教育の問題である。

◆日本語は本当に滅びるか

一昨年（二〇〇八）、『日本語が亡びるとき――英語の世紀の中で』という衝撃的な書名の評論が出て、大きな反響を呼んだ。そこで語られている言語理論は特に目新しいわけでないが、著者の特異な言語体験がその主張に重みと説得力を加えている。著者の水村美苗は、バイリンガルでありながら英語ではなく、日本語を表現手段として選び取った小説家である。日本語への思い、日本文学への思いが著者をしてそういう損な選択をさせたのだ。あえて日本語を選んだ著者は、「普遍語」としての英語に日本語はどう向き合ったらいいのかと、問いかける。『日本語が亡びるとき』はこの設問に対する著者の思いを熱く吐露した内容になっている。

議論の大前提は、世界的に見ても多面的で豊かな日本語＝日本文学を守るということだ。日本語＝日本文学の景観を水村は次のようによく手際よくまとめてみせる。

> なにしろ、かたや雄々しい漢文訓読体がある。かたや女々しくも、幼くも、典雅にも、俗にもなりうる、ひらがな文がある。小説、随筆を問わず、すべての散文はそのあいだのさまざまな色合いの文体を生かすことができる。もちろん、言文一致体がめざしたリアリズムに刺激され、和歌も俳句もルネッサンスとでもいうべき黄金期を迎える。新体詩も現れる。カタカナという表音文字も西洋語の音を表す文字として生まれ変わり、日本語の表記をさらに複雑にす

る。同時に、西洋語からの翻訳文という新しい文体も加わる。「親愛なるあしながおじさん」などという日本語ではありえない文章も、西洋語の翻訳文として何の違和感もなく日本語の一部となって流通するようになる。日本人は、あたかも車のギアをシフトするごとく、西洋語の翻訳文を読むときは、読みのモードをシフトして読むようになったのである。これほど多様な文字と文学の伝統とをまぜこぜにし、しかもそれぞれの歴史の跡をくっきりと残した文学——そのような文学は私が知っている西洋の文学には見あたらない。

こんなすばらしい古典、「読まれるべき言葉」を読めるように、日本語は「公的」学校教育できちんと教えなければならない。言い換えれば、日本語が「滅びる」のを手を拱いて眺めていてはいけないのだ。すると問題は、学校教育という時間的制約のある制度のなかで、国語との兼ね合いを考えて英語をどう教えたらいいのかということに帰する。以下、彼女の主張を私のことばを交えながらたどることにしよう。

まず、水村は日本人の好きな「悪」平等主義を捨て去ることを要求する。日本人がみな通訳になる必要はないし、またそんなことはどだい無理な注文である。ヨーロッパ人に比べると、ヨーロッパ語学習に際しての日本人のハンディキャップはあまりにも大きい。明治以来のコミュニケーション能力をめざした外国語教育がすべて失敗した理由はただ一つ、そのハンディキャップを忘れ、限られた時間枠のなかであれもこれも教えなければならないと欲張ったせいである。この欲張った物差しではかれば、日本の外国語教育はなにを試みても失敗と判定されるのは必定である（私は昔の文法・訳読重視の語学教育はそれなりの成果を収めていたと考えている）。英語話者がドイツ語やフランス語を習得するのとはわけが違うのである。なんとしても絞り込む必要がある。「聞く」「話す」「読む」「書く」（欧米ではこの優先度で教えられる）のなかでどれを選ぶか。水村は「読む」を選ぶ。この四つの能力のなかで才能とかセンスの影響をいちばん受けないのが「読む」能力であるから、確かにこの選択は妥当である。本人の努力しだいで誰もがある程度の成果を見込むことができる。情報が英語にますます集中している現代世界の言語状況を考えると、きっちりとした読解力の獲得は急務でもある。「外国人に道を聞かれて答えられる」程度の英語など論外だ。学校教育では読解力という「とっかかり」を与えることさえできれば、それでよしとする。外国語教育で大切なことは「ここまで」という線をきっちり引くことである。それ以上は本人の希望や才能と相談の上で選択すればいい。現在はコミュニケーション能力を高める手立ては学校以外で、いくらでも手軽に得られる時代である。

しかしその一方で、日本が世界に向かってしっかりと発信する（自己主張する）ために、英語のスペシャリスト（バイリンガル）を国策として養成する必要がある。日本がこれまで国際的にいかにこの方面で立ち後れていたかを語る水村の口調は、無念の熱気がこもる。単なる通訳ではない。求められているのは堂々と英語で外国人と渡り合える本格的な英語力である。議論で相手を説得しうる高度な語学力である。たぶん、このエリート養成の提案は平等主義をかかげる教育現場での反発が必至だろう。

以上が水村の大胆な（?）提案である。水村の主張には同意しがたい点も見られるが、日本人が先人の汗の結晶である「日本語」をまるで空気のように思い込んで、「実に粗末に扱って」いる現状への痛烈な抗議は傾聴に値する。また、英語帝国主義の恐ろしさも教えてくれる。その一方で、誤解や偏向もある。二つだけ指摘しておけば、いうところの「日本語」が文学語に限定されていること、また情報源が英語に特定されていることである。前者については哲学だとか思想だとか宗教の「日本語」の問題も大切だろう。また、後者については中国やヨーロッパなどを軽易に扱いすぎている。

いくら英語が世界を制しているといっても、英語以外の情報源にも目配りする必要がある。英語の圧倒的な存在観に目を奪われてはなるまい。問題は量だけでなく、質の問題も勘定にいれる必要がある。小さな「国語」でもいいものであれば、受け入れる心の広さがほしい。いいものならなんでも貪婪に吸収する、それが日本文化の真骨頂だったはずである。文化的「容」偶然主義の目からすれば、読解力を英語に限るいわれはない。中国語、ドイツ語、フランス語、アラビア語なども視野にいれる必要がある。

◆文化的「雑居」から「雑種」へ

杞憂であればいいのだが、国際化が叫ばれている現在、かえって外国文化に対する知的好奇心が弱まっているように私には感じられてならない。確かに音楽やファッションなどには敏感な反応を示している。海外旅行も自由になった。英会話教室も乱立している。ただ、その関心が表層的でサブカルチャーに集中している。日本（人）は文化的には現状に満足している。あるいは埋没している。今の日本を「文化的鎖国」と見るのはひが目か。「経済」大国の自信のなせる業か。もしそうだとすれば、その先には危険な独善主義が待ち構えている。異文化への知的好奇心を持ち続けること――日本（文化）が独りよがりにならないためにも必要な自戒である。

ここで問題になるのは、すでに触れた日本文化における原理・原則の欠落である。丸山眞男はそれを「日本における思想的座標の欠如」と呼び、日本文化の「雑居的無秩序性」を問題にした（『日本の思想』）。この問題は文化的「容」偶然主義の、避けて通れない問題である。原理・原則を大きく外国に求めた日本文化の宿命である。この問題に関して加藤周一はつとに、次のような提案をしていた。

本当の問題は、文化の雑種性そのものに積極的な意味をみとめ、それをそのまま生かしてゆくときにどういう可能性があるかということであろう。

（「日本文化の雑種性」）

丸山はこれを受けて、問題はむしろ日本文化の「雑居性」を「雑種性」に高めることではないか、と示唆する。しかし、私はこの問題に関しては楽観的である。雑居でもよし、雑種でもよし。この問題は時間が解決する。要するに、昔から日本がやってきたことを反省を踏まえながら実行すればいい。原理・原則など掲げずに、右顧左眄しながら、そして好いものはありがたく頂戴しながらわが道を行けばいいのである。ただし、大切なことは、間違っても大国意識（たとえば国連安保の常任理事国になりたいなんて身のほど知らずな考え）はもたないこと、あくまでも謙虚に「二流国」に甘んじること、要するに自分の「分」をわきまえることである。

情報は氾濫し、偶然的＝多義的である。しっかりした外国語力と古典を読める日本語力。「インターネットの世紀」「国際化の時代」を生き抜くにはこの方略しかないのではないか。外発的な情報をしっかりとキャッチする一方で、自分の国の伝統をきっちりと受け継ぎ育てる。夏目漱石は『現代日本の開化』のなかで西洋の開化は「内発的」であったのに、日本の開化は「外発的」であることを余儀なくされたと考えた。中国から受けた開化は日本の開化をゆっくりと促すような形で働いたが、西洋から受けた開化は衝撃的、かつ強烈だった。そのため日本は「曲折」を強いられた。そうした日本の開化の外発性から漱石は「極めて悲観的の結論」を引き出してしまった。

しかし、そう悲観したものでもないだろう。日本は外発的な文物を積極的にどんどん取り入れた。そのお蔭で、それなりの独自な伝統を築きあげることができた。それが明治の西洋化にどんなに貢献したかについてはすでに見た。この点に関しては、私はむしろ森鷗外の立場を支持する。鷗外はある学者の追悼文のなかで次のように言う。「時代は別に二本足の学者を要求する、東西両洋の文化を、一本づつの足で踏まへて立つてゐる学者を要求する」と（「鼎軒先生」）。

これはなにも学者に限った話ではないだろう。「インターネットの世紀」、「国際化の時代」は外と内に軸足を置いた「二本足の」日本人を求めているのではないか。その鍵となるのが、外と内の読むべき情報をしっかりとわがものにする読解力だ。「温故知新」という言葉があるが、伝統と向き合うことによって「新しいこと」の理解が深まることがある。しかしその逆の場合もあるはずだ。「あたらしいこと」が「古いこと」の、それまで気づかれなかった良さを発見させることが。たとえばプルーストの『失われた時を求めて』は『源氏物語』を合わせ鏡にすることによって新しい意味が発見されるかもしれない。ボードレール、マラルメ、ヴェルレーヌらのフランス象徴主義の詩は『新古今和歌集』の「読み」を変えるかもしれない。伝統とは因習や習慣ではない。小林秀雄も言うように「伝統は、見付け出して信じてはじめて現れるものだ。〔……〕伝統は、これを日に新たに救ひ出さなければ、ないものである」（「伝統について」）。伝統とは過去の知恵との対話であり、それを通じてわれわれは心の支えを得るのだ。伝統は私たちに行動や判断の確かな拠り所をもたらす。伝統を大切にするということは、旧套墨守の保守主義ではない。日々新たに過去と対話することだ。この意味では、「私たちの行き方や行為の基準は必ず過去からやってくる」と立言する福田恆存は正しい（『伝統に対する心構え』）。伝統を重んじるとは、新しい体験（偶然）に関して、時間軸を遡って大勢の死者たちの意見を尋ねることである。

伝統をも視野におさめた文化的「容」偶然主義、これがわれわれの採るべきスタンスだろう。守るべきもの（伝統）はしっかりと守る。「外からの」いいものは積極的に取り入れる。ミクロの視点（今・ここ）とマクロの視点（伝統）のしなやかな切り替え・使い分けである。

「容」偶然主義とは知的謙虚さの別名にほかならない。

主要参考文献

浅利誠『日本語と日本思想』藤原書店、二〇〇八年
荒川紘『日本人の宇宙観』紀伊國屋書店、二〇〇一年
石田一良『カミと日本文化――神道論序説』ぺリカン社、一九八三年、〈新装版〉一九八八年
飯田隆『言語哲学大全II　意味と様相（上）』勁草書房、一九八九年
梶山雄一・上山春平『仏教の思想3　空の論理〈中観〉』角川書店、一九六九年
梶山雄一『空の思想』人文書院、一九八三年
加藤周一『日本文学史序説（上・下）』ちくま学芸文庫、一九九九年
加藤周一「福沢諭吉と『文明論之概略』」『加藤周一著作集6』平凡社、一九七八年
加藤周一「日本文化の雑種性」『加藤周一著作集7』平凡社、一九七九年
柄谷行人「文字論」『〈戦前〉の思考』講談社学術文庫、二〇〇一年
柄谷行人『ヒューモアとしての唯物論』筑摩書房、一九九三年
木田元『偶然性と運命』岩波新書、二〇〇一年
九鬼周造『偶然性の問題』――『九鬼周造全集　第二巻』岩波書店、一九八〇年

九鬼周造『人間と実存』――『九鬼周造全集 第三巻』岩波書店、一九八一年
小坂国継『西洋の哲学・東洋の思想』講談社、二〇〇八年
小林智昭『無常感の文学』弘文堂、一九六五年
小林秀雄『本居宣長（上・下）』新潮文庫、一九九二年
五味文彦『『徒然草』の歴史学』朝日新聞社（朝日選書）、一九九七年
三枝充悳『縁起の思想』宝蔵館、二〇〇〇年
佐々木清『徒然草――研究と講説』桜楓社、一九九二年
佐々木雄爾『長明・兼好・芭蕉・鷗外――老年文学の系譜』河出書房新社、二〇〇四年
鯖田豊之著『肉食の思想――ヨーロッパ精神の再発見』中公文庫、二〇〇七年
鈴木大拙『新編 東洋的な見方』岩波文庫、一九九七年
鈴木大拙『日本的霊性』中央公論新社（中公クラシックス）、二〇〇八年
竹内整一『「はかなさ」と日本人』平凡社新書、二〇〇七年
竹内啓編『偶然と必然』〈東京大学教養講座5〉、東京大学出版会、一九八二年
月本洋『日本語は論理的である』講談社（選書メチエ）、二〇〇九年
寺尾五郎『「自然」概念の形成史』農文協、二〇〇二年
時枝誠記『国語学原論』岩波書店、一九四一年
時枝誠記『国語学原論 続編』岩波書店、一九六一年
中沢新一編『南方マンダラ』〈南方熊楠コレクションI〉河出文庫、一九九一年

永積安明『徒然草を読む』岩波新書、一九八二年
中村元編『大乗仏典』筑摩書房、一九七四年
中村雄二郎『共通感覚論』岩波現代文庫、二〇〇〇年
西田幾多郎『日本文の問題』――『西田幾多郎全集 第九巻』、岩波書店、二〇〇四年
野内良三『偶然を生きる思想――「日本の情」と「西洋の理」』日本放送出版協会（NHKブックス）、二〇〇八年
長谷川三千子『からごころ――日本精神の逆説』中央公論社（中公叢書）、一九八六年
平川祐弘『和魂洋才の系譜（上・下）』平凡社、二〇〇六年
ひろたまさき『福沢諭吉研究』東京大学出版会、一九七六年
福澤諭吉『福翁自伝』岩波文庫、一九七八年
福澤諭吉『文明論之概略』岩波文庫、一九六二年（改版）
福澤諭吉『福澤諭吉著作集 第11巻 福翁百話』慶應義塾大学出版会、二〇〇三年
復本一郎『さび――俊成より芭蕉への展開』はなわ新書、一九八三年
丸山眞男『日本の思想』岩波新書、一九六一年
丸山眞男『福沢諭吉の哲学ほか六篇』岩波文庫、二〇〇一年
三上章『日本語の論理』くろしお出版、一九六三年
三上章『象は鼻が長い』（改訂増補版）くろしお出版、一九六九年
水村美苗『日本が亡びるとき――英語の世紀の中で』筑摩書房、二〇〇八年

本居宣長『玉勝間（上・下）』岩波文庫、一九三四年
『本居宣長全集　第九巻』筑摩書房、一九六八年
森有正『経験と思想』――『森有正全集12』筑摩書房、一九七九年
森肇『カオス――流転する自然』岩波書店（岩波科学ライブラリー24）、一九九五年
安冨歩『複雑さを生きる――やわらかな制御』岩波書店、二〇〇六年
山内得立『ロゴスとレンマ』岩波書店、一九七四年
山内得立『随眠の哲学』岩波書店、一九九三年
山口諭助『佛教とその哲理』大蔵出版、一九六八年

◆

アリストテレス『自然学』――『アリストテレス全集3』岩波書店、一九六八／一九七六年
アリストテレス『形而上学』――『アリストテレス全集12』（『形而上学』）岩波書店、一九六八／一九七七年
エンゲルス／田辺振太郎訳『自然の弁証法（上巻・下巻）』岩波文庫、一九五六年・一九五七年
ウィリアム・ジェイムズ／枡田啓三郎訳『プラグマティズム』岩波文庫、一九五七年
G・スタイナー／由良君美他訳『言語と沈黙（上・下）』せりか書房、一九六九年
スピノザ／畠中尚志訳『エチカ（上・下）』岩波文庫、一九五一年／一九七五年（改版）
『世界の名著22　デカルト』中央公論社、昭和四二年
ニーチェ『権力への意志（上）』――『ニーチェ全集11』理想社、一九六二年

ニーチェ『権力への意志（下）』――『ニーチェ全集12』理想社、一九六二年
サミュエル・ハンチントン／鈴木主税訳『文明の衝突』集英社、一九九八年
『世界の名著32　ロック・ヒューム』中央公論社（中公バックス）、一九八〇／一九九八年
ヒルシュベルガー『西洋哲学史』（I～IV）理想社、一九六七～一九七八年
ブンゲ／黒崎宏訳『因果性』岩波書店、一九七二年
グレゴリー・ベイトソン／佐藤良明訳『精神と自然　改訂版』新思索社、二〇〇一年
ヘーゲル／松村一人訳『小論理学（上・下）』岩波文庫、一九七八年（改版）
アンリ・ポアンカレ／吉田洋一訳『科学と方法』岩波文庫、一九五三年（改訳）
リン・ホワイト／青木靖三訳『機械と神』みすず書房、一九九九年
ジャック・モノー／渡辺格・村上光彦訳『偶然と必然』みすず書房、一九七二年
バートランド・ラッセル／市井三郎訳『西洋哲学史』みすず書房、一九六九／一九七三年
K・レーヴィット／柴田治三郎訳『世界と世界史』岩波書店（岩波現代叢書）、一九五九年
リチャード・ローティ／齋藤純一ほか訳『偶然性・アイロニー・連帯』岩波書店、二〇〇〇年

あとがき

本書は『偶然を生きる思想』の続篇である。前著は予想外の反響を呼んで、本当に驚いている。日本経済新聞（二〇〇八年九月一四日）と朝日新聞（二〇〇八年一〇月一九日）に書評が出た。ほかにも週刊誌などいろいろと反応があった。意外だったのは、文学的話題が多かったにもかかわらず、理系の人たちのコメントが多かったことだ。偶然性の問題が幅広い人々の関心の的であることを知らされた。正直なところをいえば、出す前は偶然を取り上げた本が受け容れられるかどうか、とても不安だった。好評に気をよくしてというわけではないが（いや、それもあった）、前著刊行から程なくして、これはどうしても続篇を書かなければならない、と感じた。なぜそう感じたのか。理由は二つあった。

一つは、前著はあれもこれもと欲張りすぎて間口を広げすぎた。そのため焦点がぼけてしまった憾みがなきにしもあらずだった。話題が豊富で面白かったと好意的な意見を寄せてくれた人もあったが、著者としてはもっと問題を絞って掘り下げる必要を感じた（今回は日本文化にテーマを限定した）。

もう一つは、偶然性に対する私のスタンスがうまく表現し切れていなかったのではないかという反省である。それは、隔靴掻痒と表現したらいいだろうか。とにかく、もやもやとした不満が心底に結ぼれてた。私が考えている偶然観をもっとぴったり表現する言葉はないのだろうか。それを私は探した。「容」偶然、あるいは「容」偶然主義という言葉がその答えであった。この面妖な言葉にたどり着くまでの消息を以下、簡単に綴ってみたい。

前著を書き進めていたとき、西田幾多郎のことが頭の片隅にわだかまっていた。本格的に日本文化を論じるとすれば、どうしても西田は避けて通ることはできない。思い立ってその著作を読みはじめた。あの呪文のような、お経のような悪文に辟易しながら付きあっていくうちに、西田のキーワード「絶対矛盾的自己同一」に論点のすり替えがあることに気がついた。「絶対」は認識論の次元では言いうるかもしれないが、存在論の次元では当てはまらない。そこには「行為的直観」（認識論）から「歴史的社会的世界」（存在論）への「横滑り」が見られる。要するに、「矛盾」はあくまでも言語の次元の問題にとどめなければならない。しかしそうはいっても、西田は「反面教師」の役割を果たしてくれた。西田を読むことによって見えてきたものが色々とあった。その意味では西田を腰を据えて読んだことはいい勉強になった。

西田を読み進めているとき、永いあいだ——十余年以上になるだろうか——書架の片隅にうっちゃられていた一冊の書物のことを思い出した。山内得立の『ロゴスとレンマ』である。そこで問題になっていたナーガルジュナの論理（論法）に閉口して放り出してしまったことはよく覚えていたが、その独特な論理が西田のテキストによってたぐり寄せられるように記憶の底から蘇ってきたのだ。そこでさっそく山内の本を読み返すことにした。すると、あら不思議である。以前はあれほど分かりにくかったナーガルジュナの論法がすらすらと頭にはいって来た（ここ十年くらい私が論理学関係の本を読み込んだせいもあったかもしれない）。山内の本を読み、縁起観のことをあれこれ考えていたときに、「容」偶然という考えがふと脳裏をかすめた。あ、これが私の探していた言葉だと直感した。そして私は、本書の中核ともいうべき第2章を書きはじめた。去年（二〇〇八年）の十二月のことだ。これが本書の始まりであった。そして今年の三月末にほぼ書き上がった。

日本文化の諸相を「容」偶然主義一本槍で腑分けするのはいささか蛮勇のそしりを免れないかもしれない。江湖の指正を仰ぎたい。

末筆になってしまったが、大修館書店の康駿氏には適切な指示とコメントを頂戴した。『レトリックのすすめ』の時と同様、ベテラン編集者の「産婆術」の妙に触れた。本当にありがとうございます。

二〇〇九年孟冬

著者識

[著者紹介]
野内良三（のうち・りょうぞう）
1944年東京に生まれる。東京教育大学文学部仏文卒。同大学院文学研究科博士課程中退。静岡女子大学助教授，高知大学教授を経て現在，関西外国語大学教授。
[主な著書]『ランボー考』（審美社，1978年），『ステファヌ・マラルメ』（審美社，1989年），『ヴェルレーヌ』（清水書院，1993年），『レトリック辞典』（国書刊行会，1998年），『ミュッセ』（清水書院，1999年），『レトリックと認識』（NHKブックス，日本放送出版協会，2000年），『レトリック入門』（世界思想社，2002年），『実践ロジカル・シンキング入門』（2003年，大修館書店），『うまい！日本語を書く12の技術』（生活人新書，日本放送出版協会，2003年），『日本語修辞辞典』（国書刊行会，2005年），『ジョーク力養成講座』（大修館書店，2006年），『レトリックのすすめ』（大修館書店，2007年），『偶然を生きる思想——「日本の情」と「西洋の理」』ほか。
[主な訳書] モーリス・ルブラン著『ルパンの告白』（旺文社文庫，1978年），ヴィクトル・ユゴー著『ビュグ=ジャルガルの闘い』（共訳，潮出版社，1982年），『マラルメ詞華集』（審美社，1986年），『遊女クラリモンドの恋——フランス・愛の短編集』（旺文社文庫，1986）ほか。

「偶然」から読み解く日本文化——日本の論理・西洋の論理

NDC110／xii, 281p／19cm

初版第１刷——2010年2月1日

著　者——野内良三《のうちりょうぞう》
発行者——鈴木一行
発行所——株式会社大修館書店
〒101-8466 東京都千代田区神田錦町3-24
電話 03-3295-6231 販売部／03-3294-2356 編集部
振替 00190-7-40504
[出版情報] http://www.taishukan.co.jp

装丁者——下川雅敏
印刷所——壮光舎印刷
製本所——（株）ブロケード

ISBN978-4-469-21327-0 Printed in Japan

日本人らしさの構造――言語文化論講義
芳賀　綏　著
四六判・三二二頁
本体　二〇〇〇円

日本語の論理――言葉に現れる思想
山口明穂　著
四六判・二九六頁
本体　二〇〇〇円

レトリックのすすめ
野内良三　著
四六判・二四二頁
本体　一五〇〇円

実践ロジカル・シンキング入門
野内良三　著
A5判・二〇八頁
本体　二〇〇〇円

ジョーク力養成講座
野内良三　著
四六判・二四二頁
本体　一五〇〇円